非遗保护与文旅融合的协同机制探究

程伟　著

中国出版集团有限公司
China Publishing Group Co., Ltd.
现代出版社

图书在版编目(CIP)数据

非遗保护与文旅融合的协同机制探究 / 程伟著 .
北京 : 现代出版社, 2025. 8. -- ISBN 978-7-5231
-1662-3

Ⅰ .G122; F592. 3

中国国家版本馆 CIP 数据核字第 20253U7U62 号

非遗保护与文旅融合的协同机制探究

FEIYIBAOHU YU WENLVRONGHE DE XIETONGJIZHI TANJIU

著　　者　程　伟

责任编辑　袁　涛
责任印制　贾子珍
出版发行　现代出版社
地　　址　北京市安定门外安华里 504 号
邮政编码　100011
电　　话　010-64267325
传　　真　010-64245264
网　　址　www.1980xd.com
印　　刷　河北联合印务有限公司
开　　本　170mm × 240mm　1/16
印　　张　15
字　　数　230千字
版　　次　2025年9月第1版　2025年9月第1次印刷
书　　号　ISBN 978-7-5231-1662-3

定　　价　69.80元

前　言

在中华民族长达五千年的文明历史进程当中，非物质文化遗产有着十分鲜明的地域特性，还拥有着颇为深厚的历史底蕴，并且具备独特的审美属性，已然成为中华传统文化极为重要的支撑所在。它一方面承载着民族的记忆以及集体的认同感，另一方面也构建起了代际传承以及文化复兴方面的精神联结纽带。处在当代社会快速发生转变、全球文化呈现出多元并存这样的一种语境情况之下，怎样在确保非遗文化保持其本真状态的基础之上，达成它与现代经济社会相互融合发展的目标，这无疑已经变成了文化战略相关研究领域里一个十分重要的研究课题内容。

文旅融合属于文化和旅游跨界协同的一种新型发展模式，它给非遗的活态保护以及创新转化开拓了全新的路径。借助旅游场景的融入以及文化内容的拓展延伸，非遗不再仅仅局限于博物馆展柜以及田野考察当中，而是以更具沉浸感、互动性以及市场化特点的形式走进了大众的生活之中。这样的融合一方面提升了非遗的传播效率以及社会方面的关注程度，另一方面也为非遗赋予了新的功能价值以及经济层面的意义。

本书把"协同机制"当作理论核心，试着全面且系统地答复非遗保护和文旅融合里"守与变""传与用""静与动"存在的张力悖论，弄清楚其内在的逻辑以及运行的机制，搭建起有理论创新价值以及实践指导意义的协同发展体系。在编写期间，综合运用了文化人类学、旅游管理学、教育社会学等多个学科的理论视角，还借助区域案例、政策演化、产业结构等实证材料，努力从价值层面、制度层面和技术层面全方位地揭示非遗文旅融合的深层结构。

全书总共设有九章，从协同逻辑基础方面开始，接着是文化基因解码、产业路径演化、机制模型构建等内容，还有实践路径探索以及技术赋能创新等方面，另外涉及系统风险治理以及战略前瞻规划，从而形成了一套逻辑较为清晰且层层递进的结构体系。尤其是在第七章至第九章这一部分当中，着重关注数字化、人工智能、区块链以及元宇宙等前沿技术在非遗文旅当中的实际应用场景，试着为“非遗＋科技＋文旅”的融合开拓出更具指向未来的路径选择方式。

此书并没把非遗当作静态的文化标本来看待，而是把它置于流动社会里的“活态系统”当中，着重指出其主体性与互动性、区域性与全球性、历史性与未来性这些相互交织的关系。在这样的基础之上，便要强调非遗保护绝不能仅仅停留在“抢救性记录”或者“展演性重构”这种程度，而是应当去构建起一个有多元主体一同参与其中、跨界资源能够联动起来，还有法制以及制度这两方面给予双重保障的“协同机制共同体”。

本书一方面为政策制定者提供理论依据以及系统的建议，另一方面也给地方文旅实践者、非遗传承人还有高校研究者带来可操作性较强的实践模型与评估工具。期望凭借这一研究成果，促使非遗保护工作从“政府主导—文化自守”这样的封闭格局走向“协同共治—社会共享”的多元参与格局，为实现中华优秀传统文化的创造性转化以及创新性发展提供学理层面的支持。

本书是长期开展田野调查、实际项目运作以及深入理论思考所积累成果的集中呈现，能够顺利完成多亏了众多学界前辈先行开展的研究工作以及地方政府、各类文化机构给予的实践层面的协作配合。大家都知道，非遗保护本就属于一项持续处于发展变化之中且充满诸多挑战的庞大系统工程，只有始终秉持着问题导向这一原则，运用结构性思维去分析思考，并且积极开展开放式合作，才能够在当下这个时代的大潮之中留存住文化的根脉，激发出其内在活力，从而迈向美好的未来。

作者

2025年5月

目录

第一章　非遗保护与文旅融合的协同逻辑基础

第一节　非遗保护的内涵与当代价值

作为中华优秀传统文化的瑰宝，非物质文化遗产承载着一个民族的集体记忆，还蕴含着文化密码以及精神底蕴，它构成了维系文化认同以及文化自信极为关键的纽带。进入21世纪之后，随着全球化浪潮汹涌而来，再加上现代化进程不断向纵深方向推进，非物质文化遗产正面临着一种双重境遇。从一方面来讲，工业化、城镇化以及数字化都呈现出迅猛发展的态势，这使得传统的生活方式发生了根本性的变化，非遗赖以生存的土壤以及传承的渠道也都遭遇到了前所未有的严峻挑战。而从另一方面来看，国家在文化战略方面进行了系统的部署，并且文化自觉也在普遍地觉醒，这就为非遗的守护以及延续开拓出了全新的历史机遇。

一、非遗保护的内涵

非物质文化遗产指的是各民族代代相传并且当作文化遗产一部分的多种多样的传统文化表现形式。其具体范围包含了传统口头文学及其所依托的语言载体；从这样的定义当中能够察觉到，非物质文化遗产有着十分突出的民族特性、地域特色、历史延续性以及生命活力，它是各民族智慧结晶与文化创造力的一种鲜活体现。

非物质文化遗产保护的理论基础，其实是对文化多元性以及传承机制展开的一系列深入思索。步入21世纪之后，伴随着全球化进程不断向前推进，全世界范围内那种文化趋向一致的现象变得越发明显，各个民族所特有的传统文化也面临着被消融掉以及流失的风险。

二、非遗保护的当代价值

非物质文化遗产所蕴含的文化价值，主要就体现在它身为民族文化认同以及文化自信的关键载体这一点上。非物质文化遗产已然深深扎根本民族大众的日常生活之中，它不但是民族身份的一种象征，还是培育民族认同感极为宝贵的资源。在当下这个全球化的语境之下，对非物质文化遗产加以保护并推动其传承，这对于增强文化自觉和文化自信而言是很有帮助的，它能够进一步巩固我们的文化立场，维护文化安全，促使中华文化能够更好地迈向世界舞台。非物质文化遗产作为中华文明的一种活态传承形式，其承载着中华民族的历史记忆以及文化基因，这无疑也是中华文化连续性以及创新性的重要体现。

非物质文化遗产所具有的保护价值，主要体现于促进社会和谐以及维护文化多样性这两个方面。就其一而言，非物质文化遗产扮演着连接人与人之间关系的纽带角色，它能够起到促进相互间交流以及增进理解的作用，并且还是凝聚各族人民极为重要的力量。借助对非遗展开的保护举措，可促使社区成员间的认同感得以增强，同时也能强化他们的归属感，进而推动社会朝着和谐的方向发展，实现稳定的状态。从另一个层面来讲，非物质文化遗产是文化多样性当中不可或缺的重要构成部分，所以说保护非遗实际上就是对文化多样性的守护行为。在当下的中国，非遗保护已经不再是单一部门单独开展的行为，而是逐渐发展成为有多个领域广泛参与到其中的社会行动，而且“非遗热”的态势也在持续不断地升温，在各类传播平台当中，非遗所蕴含的内涵以及自身所具备的价值都得到了较为广泛的认同，由此便形成了一种全社会共同投身于非遗保护工作的良好生态环境。

非物质文化遗产保护所拥有的经济价值，在文化资源转化以及可持续发展的新动能方面有所体现。随着文化产业持续蓬勃地发展起来，文旅融合也不断深入推进，在这样的形势下，非物质文化遗产作为核心文化资源，其经济价值一天比一天更加突出。从一个方面来讲，借助于创造性转化以及创新性发展的方式，非物质文化遗产能够转变成为文创产品、旅游产品还有文化服务，以此来创造出经济效益，推动相关产业不断发展。从另一个方面来讲，非物质文化遗产所蕴含的传统知识、技艺以及理念，对于推动绿色发展、循环发展以及低碳发展有着十分重要的启示作用。

三、非遗保护内涵与价值的现实意义

非物质文化遗产保护对文化传承创新有着深远影响，主要推动了中华优秀传统文化的创造性转化、创新性发展。非物质文化遗产作为中华优秀传统文化的重要组成部分，其保护工作正是这一“两创”方针的具体实践[1]。通过发掘、梳理、研究与传播非物质文化遗产，能让传统文化资源在当代语境下焕发新生机与活力，实现古为今用、推陈出新，不断强化中华文化的创新力与竞争力。

非物质文化遗产保护对于构建人类命运共同体有着积极的作用，这种作用在促进文明交流互鉴以及增进人类共同福祉等方面都有所体现。在全球化的背景之下，各国各民族之间的文化交流变得越来越频繁，而非物质文化遗产作为文化交流的重要载体，肩负着增进相互了解以及促进文明对话的使命。借助非遗保护以及国际合作的方式，能够在不同文明之间增进相互的理解与尊重，共同去应对全球性的挑战。

非物质文化遗产保护于新时代中国特色社会主义文化建设所处的战略地位，具体表现为它对于文化自信自强以及文化强国建设起到的重要支撑作用。非物质文化遗产属于中华优秀传统文化当中的一个重要构成部分，其是增强文化自信、开展文化强国建设的关键资源所在。通过对非物质文化遗产采取系统性的保护举措，便能够更为出色地满足人民日益增长的精神文化方面的诸多需求，有力地推进文化自信自强的进程，从而为全面建设社会主义现代化国家、实现中华民族伟大复兴这一宏伟目标给予强大的精神动力以及文化层面的有力支撑。

非物质文化遗产保护在中华优秀传统文化传承发展中占据着极为重要的位置，它的内涵以及所具有的价值早已突破了单纯的保护文化的范畴，进而转变成了新时代中国特色社会主义文化建设方面的一项战略性资源。对非遗保护的内涵还有其当代价值展开系统的梳理之后，能够得出如下认识：(1)非物质文化遗产保护的内涵呈现出多维度、多层次的特点，就概念界定而言，非遗包含了各族人民代代相传下来的各式各样的传统文化表现形式，同时还涵盖了与之相关的实物以及特定场所；(2)从理论依据的角度来讲，非遗保护源自对于文化多样性以及文化传承所形成的深刻认知；(3)就制度体系这一方面来看，我国已经构建起了以政府作为主导力量、社会各界广泛参与到其中的多层次保护格局。与此非物质文化遗产保护所拥有的当代价值是多元且综合的，在文化这个层面上，非遗成为民族文化认同以及文化自信极为重要的承载者；(4)在社会这个层面上，非遗能够推动社会和谐的形成，并且对文化多样性起到保护的作用；在经济这个层面上，非遗能为文化资源向其他形式的转化以及实现可持续发展赋予新的动能。这些不同的价值维度彼此之间相互交织在一起，相互间起到促进作用，共同组合成了非遗保护的价值体系。在新时代这样的大背景之下，这一价值体系不断地得以拓展并且进一步得到深化，从而为满足人民日益增长的精神文化方面的需求给予了重要的支撑。

非物质文化遗产保护所具有的现实意义具备战略性的考量以及前瞻性的特点。就国内方面而言，非遗保护能够促使中华优秀传统文化实现创造性的转化以及创新性的发展，进而强化文化自信自强。从国外层面来讲，非遗保护可以推动不同文明之间的相互交流以及彼此借鉴，讲好中国的故事，推动中华文化更好地走向世界舞台，为构建人类命运共同体贡献出自中国智慧以及中国方案。

第二节　文旅融合发展的演进路径与趋势

文化和旅游融合发展属于新时代中国特色社会主义文化建设方面的重要战略安排，同时也是促使文化产业以及旅游产业实现高质量发展的必由之路。在这样的宏观情形之下，文旅融合当作文化强国建设的一条重要途径，对其发展演进的过程以及未来的发展趋势展开的研究有着颇为重要的理论价值以及实践方面的意义。

一、文旅融合发展的历史演进

文旅融合发展的历史演进是一个从分立走向融合、从简单叠加到深度整合的渐进过程。回顾这一演进历程，大致可以划分为三个阶段：文旅分立阶段、文旅交叉阶段和文旅深度融合阶段。[2]，此过程受国家政策导向影响，与经济社会发展、消费需求变化相关，体现文化产业与旅游产业发展规律与时代特征。

文旅分立阶段指的是从20世纪末一直到2009年这段时间，在此期间，文化产业和旅游产业是各自独立发展的。在这一阶段当中，文化部门把主要精力放在文化事业建设以及文化产业发展方面，而旅游部门则是把重点放在旅游资源开发以及旅游市场培育之上。2003年的时候，国务院出台了《关于加快发展旅游业的意见》，在这份意见当中首次提出了“文化旅游”这样一个概念，不过即便如此，文化和旅游还是处于相对独立的发展状态。在这个时期的文旅关系更多地呈现出一种文化资源朝着旅游产品进行单向转化的情况，就好比说名胜古迹、历史遗址这类文化资源被开发成为旅游景点，却缺少深层次的内容整合以及价值共创方面的举措。在非遗保护这个领域，2006年我国公布了首部《国家级非物质文化遗产名录》，这表明非遗保护工作正式拉开了序幕，可是非遗与旅游的结合当时仅仅处于初步探索的阶段而已。

文旅交叉阶段（2009年至2018年），此文化元素于旅游领域广泛运用且初步融合之时段。2009年，国务院出台《文化产业振兴规划》，明确指出要“推动文化产业同旅游、体育、信息、物流、建筑等诸多产业实现融合发展”，如此一来，文旅融合便开始在政策层面得到关注。在这个阶段里，文化和旅游相互交叉融合，其主要呈现出文化内容以旅游化的方式予以呈现以及旅游产品借助文化手段加以提升这两种情形，就好比文化主题公园、文化体验馆、文化创意街区这类新业态纷纷兴起。就非遗保护而言，2011年《中华人民共和国非物质文化遗产法》正式颁布并施行，这无疑为非遗保护给予了法律方面的有力保障，进而促使非遗与旅游的结合逐步从单纯的展示朝着互动体验的方向去发展，像非遗展演、非遗工坊等各类形式也日渐变得丰富起来。

文旅深度融合阶段（2018年至今）是文化以及旅游于体制机制、产业形态、市场运作等诸多方面达成全方位融合的时期。到了2021年，《“十四五”文化和旅游发展规划》正式发布，其中明确提出要达成“推动文化和旅游深度融合发展”的战略目标。在这个阶段当中，文旅融合呈现出全域化、产业化、数字化等明显特征，文化和旅游在资源整合、产业链延伸、业态创新等多个方面都切实实现了深度融合。

二、文旅融合的多元路径与模式创新

文旅融合的多元路径指的是文化以及旅游在不同层面还有不同维度方面的融合方式以及达成的途径。就实践方面来讲，文旅融合主要体现出产业链得以延伸并且价值链发生重构、资源整合以及业态有所创新、数字技术给予赋能并且场景化体验这几条主要路径。这些路径彼此交织在一起，相互之间起到促进的作用，一道推动文旅融合朝着纵深方向不断发展。

产业链延伸以及价值链重构这一路径，是文旅融合所具备的基础性路径。其主要呈现出这样的情况，即文化产业和旅游产业于产业链的各个环节当中，呈现出相互渗透的状态，并且还达成了价值共创的成果。从一个方面来讲，文化产业朝着旅游领域去延伸，如此一来便拓展了文化产品可应用的场景范围，同时也拓宽了其传播的渠道。

资源整合以及业态创新所构成的路径，这是文旅融合极为关键的核心路径。其主要呈现出文化资源同旅游资源达成有机整合这般情况，并且还体现出了新业态、新模式展开创新发展的状况。就资源整合来讲，文旅融合已然冲破了传统意义上的行业界限以及资源壁垒，进而形成了文化资源和旅游资源的优势相互补充以及协同发展的局面。就好比历史文化街区、文化产业园区、文化旅游特色小镇等这类具有综合性的文旅项目相继兴起。

数字技术赋能以及场景化体验路径属于文旅融合的创新途径，其主要体现为数字技术在文旅融合方面有着广泛的运用，并且场景化体

中国首个入选联合国教科文组织非物质文化遗产名录的项目——昆曲

验模式也正在兴起。伴随5G、大数据、云计算、人工智能、虚拟现实等新技术不断取得发展，文旅融合开始呈现出数字化、智能化、场景化这样的新特点。从一个方面来讲，数字技术给文旅融合给予了技术方面的有力支撑，同时也带来了创新的动力，就像数字博物馆、智慧景区、云旅游等全新的模式相继兴起。从另一个方面来讲，场景化体验已然成为文旅融合极为重要的发展方向，借助构建沉浸式、互动式、体验式的文旅场景，进而有效提升游客所具有的参与感以及满足感。

三、文旅融合发展趋势与非遗协同

文旅融合发展展现出了诸多新的趋向，这些趋向一方面映射出文旅产业自身的发展规律，另一方面也彰显出消费需求所发生的种种变化特点，对于非遗保护以及文旅融合协同推进有着重要的启迪意义。就整体情况来讲，文旅融合主要存在全域化、品质化、数字化、生活化以及国际化等几大发展趋向，而这些不同的趋向彼此交错在一起，相互间产生影响，一道塑造着文旅融合后续的发展走向。

数字化已然成为文旅融合方面的一种技术驱动所呈现出来的趋势，具体而言，就是数字技术于文旅融合当中得到了广泛的应用，并且还实现了较为深入的渗透。伴随着像5G、大数据、云计算、人工智能以及虚拟现实等一系列新技术不断发展起来，文旅融合便展现出了数字化、智能化还有网络化这样全新的特征，进而也催生出了一连串的新型文旅业态以及消费模式。就非遗领域来讲，数字化趋势主要体现在非遗的数字化保护与传播，以及非遗的智慧化展示与体验这两个方面。

非遗保护与文旅融合的协同机制，指的是二者在资源整合、价值共创以及利益分配等方面所存在的互动关联与运行准则。就实际情况而言，非遗保护与文旅融合的协同机制，主要涵盖将政府引导同市场运作相互结合起来的协同机制、把传承保护和创新发展统一到一起的协同机制，还有社区参与以及多元共治的协同机制，等等。这些协同机制彼此之间相互予以支撑，并且相互间起到促进作用，一道推动着非遗保护与文旅融合达成良性的互动状态以及实现可持续的发展态势。

非遗活化利用和文旅融合的创新实践是非遗保护以及文旅融合发展相互协同的具体呈现形式，同时也是极为生动的实例。近些年来，各地陆续出现了数量众多的非遗活化利用及文旅融合创新实践方面的成果，像非遗主题旅游所涉及的线路、专门用于非遗体验的基地、与非遗相关的文创产品以及非遗演艺项目，等等。这些实践一方面有力地促进了非遗的保护工作以及其后续的传承事宜，另一方面也对文旅产业的创新发展起到了推动作用。

文旅融合发展属于新时代文化建设以及旅游发展方面的一项重要战略内容，对其演进路径以及发展趋势展开研究，对于促进文化和旅游实现高质量发展有着颇为重要的意义。通过全面且细致地梳理文旅融合发展的整个历程能够发现，文旅融合已然不再是简单的叠加形式，而是朝着深度整合的方向迈进；它不再仅仅局限于单一项目，而是拓展到全域空间范围；也不再仅仅停留在资源共享层面，而是进一步发展到价值共创阶段。这一演进进程一方面受到了国家政策导向所起到的引领作用的影响，另一方面还和经济社会的发展状况以及消费需求的变化情况紧密关联在一起，充分体现出文化产业与旅游产业在发展过程中所遵循的内在规律以及呈现出的时代特征。

文旅融合以及非遗保护二者协同发展的前景十分广阔。一方面，文旅融合给非遗保护开拓了全新的路径，并且搭建起了相应的平台，借助旅游这个现代传播方面的载体，非遗文化能够得以更为广泛地进行传播，同时也能以更为生动的方式予以展示，这无疑进一步增强了非遗所具有的生命力以及影响力。另一方面，非遗资源为文旅融合赋予了丰富多样的文化内涵，同时也带来了独特的体验元素，由此使得旅游产品在文化品位方面得以提升，在竞争力上也获得了增强。未来，伴随全域化、品质化、数字化、生活化以及国际化等趋势不断地向前发展，非遗保护和文旅融合之间的协同机制将会变得更加完备，其产生的协同效应也会愈加明显。在由政府加以引导并且结合市场来运作、传承保护与创新发展达成统一、社区积极参与并与多元主体共同治理相互协调的这样一种机制之下，非遗保护和文旅融合能够实现更高程度、更深层面的协同发展，进而为建设社会主义文化强国以及满足人民日益增长的美好生活需要做出更多的贡献。

第三节　协同机制的理论框架与构成要素

协同机制的研究属于理解非遗保护以及文旅融合之间深层互动关系的关键理论依据。伴随我国文化和旅游体制机制改革不断向前推进，非物质文化遗产保护和文旅融合发展已然成为新时代文化建设极为重要的战略指向。在此背景之下，构建起科学合理的协同机制理论框架，弄清楚其构成要素与运行逻辑，对于推动非遗保护与文旅融合实现高质量发展而言，有着十分重要的理论价值和实践意义。

一、协同机制的理论基础

协同机制的理论基础涵盖了诸多方面，像系统论以及协同学理论、产业融合理论还有价值共创理论、文化生态保护理论以及可持续发展理论，等等。这些理论分别从不同的维度给非遗保护与文旅融合的协同机制研究提供了理论方面的有力支撑，进而形成了协同机制理论框架在学理层面的基础。

系统论以及协同学理论，这两者构成了协同机制研究的关键理论根基。系统论秉持这样一种看法，即系统是诸多相互间存在联系且相互产生作用的要素组合而成的一个有机整体，并且这个整体呈现出整体性、层次性、开放性还有动态平衡性等诸多特点。而协同学理论着重指出系统内部各个要素彼此之间所存在的协同作用，同时也关注由此所产生的自组织现象，其把目光聚焦于系统从处于无序状态逐步向有序状态演化的整个过程，以及在这个过程中所呈现出来的涌现特性。就非遗保护和文旅融合的协同机制展开的研究而言，系统论给予了整体性方面的思维模式以及系统性的相关方法，协同学理论则将非遗保护系统和文旅融合系统二者有机结合在一起。

二、协同机制的构成要素与运行逻辑

协同机制的构成要素涵盖主体要素、资源要素以及环境要素，这些要素彼此间存在关联且相互产生作用，一并构建起了协同机制的基本架构。协同机制的运行逻辑呈现为价值共创、利益共享还有风险共担这样的互动进程，这体现了协同机制内在的运行规律以及作用机理。

协同机制的运行逻辑呈现为价值共创、利益共享以及风险共担相互交织的互动进程。价值共创具体指的是多元主体借助资源整合以及能力互补的方式，一同创造出经济价值、文化价值还有社会价值。就非遗保护与文旅融合的协同机制而言，政府、企业、社区以及传承人等各个主体凭借自身资源投入以及能力发挥，共同打造出了非遗的保护价值、传承价值、展示价值以及开发价值。

三、非遗与文旅协同机制的创新实践

非遗与文旅协同机制的创新实践呈现出多样化的实践模式，采用较为科学的评价方法，并且具备创新性的优化路径。这些创新实践一方面是对协同机制理论展开实证检验，另一方面也是针对协同机制实践所做的探索与创新举措，可为构建更为有效的协同机制给予实践方面的参考以及经验层面的借鉴。

协同机制在非遗保护以及文旅融合方面起着十分重要的作用，它是二者深度互动的理论依据，也是实践层面的有力保障。仔细分析协同机制的理论框架还有其各个构成要素能够发现，非遗保护与文旅融合要实现协同发展，一方面得有系统论以及协同学理论给予指导，另一方面还得依靠产业融合理论、价值共创理论、文化生态保护理论以及可持续发展理论从多个维度予以支撑。这个理论框架把非遗保护与文旅融合作为两个复杂系统之间互动的规律以及协同的内在机理都揭示了出来，进而给构建行之有效的协同机制打下了稳固的理论根基。

协同机制的关键之处在于达成多元主体、多维资源以及多层环境的系统协同。在主体要素方面，政府、企业、社区还有传承人各自承担着相应职责，同时彼此间展开协作；就资源要素而言，非遗资源和旅游资源相互融合在一起，彼此间还能实现增值效果；对于环境要素来讲，政策环境、市场环境以及技术环境相互给予支撑，彼此之间也起到促进作用。这样的多元协同依据价值共创、利益共享以及风险共担的运行逻辑来运作，进而形成了非遗保护和文旅融合之间的良性互动机制。

第四节　非遗与文旅的互嵌与共生关系

非物质文化遗产以及旅游业在当代中国的文化建设以及经济发展方面所占据的战略地位一天比一天突出，两者之间互嵌并且共生的关系已然变成了文旅融合发展当中的核心关键议题所在。在2018年的时候，国家机构进行了改革，把文化部还有国家旅游局合并到了一起，组建成了文化和旅游部，这一举措也正式标志着文旅融合由此进入了全新的历史阶段。2023年2月，文化和旅游部发布《关于推动非物质文化遗产与旅游深度融合发展的通知》，明确阐述了非遗与旅游

“相互促进、互为支撑、协同发展”的关系，为二者的互嵌共生提供了政策指引[3]。在这样的大背景之下，进一步去深入且细致地探究非遗与文旅所存在的互嵌以及共生关系，这既是对文旅融合理论予以深化以及拓展的一个过程，同时也是对非遗保护以及旅游发展实践给予科学指导的一项重要工作，对于推动文化强国建设向前发展以及文旅产业实现高质量发展而言，都有着极为重要的理论价值以及实践层面的意义。

一、非遗与文旅互嵌的理论阐释

非遗和文旅互嵌的理论依据主要来自社会学的“嵌入性”理论以及生物学的“共生”理论。“嵌入性”理论最初是由波兰尼提出的，后来经过格兰诺维特的发展，着重指出经济行为是嵌入在社会关系网络当中的，经济活动和社会结构会相互产生影响并且相互塑造。共生理论源自生物学领域，它描述的是不同生物个体之间所形成的互利共存的关系，之后被引入社会科学领域，用来剖析不同社会单元或者文化要素之间的相互依赖以及协同发展的关系。把这两种理论运用到非遗

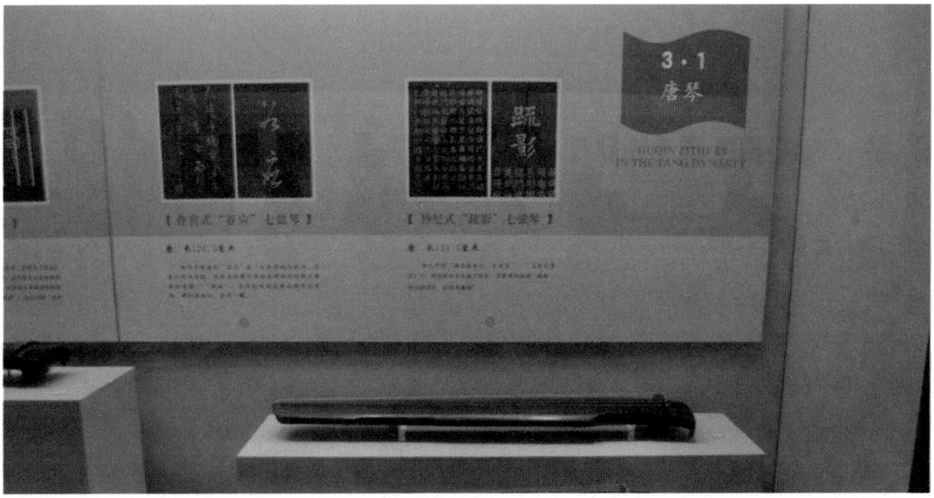

中国第二个入选联合国教科文组织非物质文化遗产名录的项目——古琴

和文旅关系的研究当中，能够揭示出二者在资源、市场、技术、文化等诸多维度上的互嵌与共生机制，进而为理解非遗保护和文旅融合的内在逻辑给予理论方面的有力支撑。

互嵌共生关系的形成机理以及演进逻辑，实际上反映出非遗和文旅融合所遵循的内在规律，同时也体现出其发展走向。就形成机理而言，非遗和文旅的互嵌共生是受到诸多因素影响而自然形成的。其中，市场需求起到了推动作用，政策方面给予了一定引导，技术层面也提供了有力驱动。随着旅游消费不断升级，这促使人们产生了对于文化体验以及精神享受的需求，而非遗作为优质的文化资源，自然而然地成了旅游业里极为重要的组成部分。非遗保护在实际开展过程中面临着资金不足、传承存在困难等诸多现实难题，借助与旅游业展开融合发展的途径，便成了实现其活态传承的一条有效路径。

二、非遗在文旅融合中的嵌入机制

非遗资源转变为旅游产品，这是非遗融入文旅融合的一条基本路径。在这个转化的过程当中，会涉及非遗资源的识别、评估、开发以及创新等诸多环节。一开始，得对非遗资源展开系统的梳理，并且进行科学的评估，以此来识别它的文化价值、审美价值、体验价值还有市场价值，要清楚它在旅游产品开发中所处的定位以及具备的功能。接着，依据不同类型的非遗各自所具有的特点以及旅游市场的具体需求，去设计出有差异性的转化路径。就传统工艺类非遗而言，能够借助工艺展示、互动体验、产品定制等方式将其转化为旅游产品；而表演艺术类非遗，则可以通过舞台演出、沉浸式体验、节庆活动等形式融入旅游活动之中；民俗类非遗的话，可以凭借仪式再现、生活体验、文化展示等途径嵌入旅游场景里面。

非遗文化元素在旅游场景中的嵌入方式，很好地展现了非遗和文旅融合所呈现出的多样性以及创新特性。就空间维度来讲，非遗元素是能够嵌入像景区、酒店、餐厅、商店这类旅游空间当中的，如此一来便能营造出带有文化特色的一种旅游环境。比如把传统建筑工艺还有装饰艺术融入酒店的设计环节里，把传统饮食文化以及餐饮礼仪融入餐厅的服务流程当中，再如把传统手工艺品以及文创产品融入旅游购物相关事宜中。从时间维度方面来看，非遗元素同样是可以嵌入旅游活动的各个不同阶段之中的，并且能够贯穿于游客整个体验过程始终。

三、文旅对非遗保护的反哺与共生逻辑

旅游发展的进程当中，其对于非遗保护所给予的经济支持以及所推动的价值重构，这无疑属于文旅反哺非遗的一种极为重要的呈现形式。从经济支持这一角度来展开分析，旅游业借助于市场机制，切实地为非遗保护营造出了一种较为稳定的资金来源渠道，同时也为其构建起了相应的经济根基。一方面，当对非遗旅游产品加以开发并且投入销售之后，便会直接催生出经济方面的收益，而其中的部分收益完全能够被用于非遗的保护工作以及后续的传承事宜。另一方面，旅游业在自身发展的还会带动与之相关的诸多产业一同向前发展，如此一来便能够为非遗传承人以及传承群体创造出一定的就业契机，并且也为他们带来收入的来源，进而进一步强化了他们在传承非遗方面所具备的经济驱动力。

旅游体验对于非遗传播以及认知所起到的促进作用，很好地彰显出了文旅融合给非遗保护所带来的那种深层次的影响。旅游活动可为非遗搭建起极为宽广的传播平台，同时也可提供多种多样的传播渠道，如此一来便极大地拓展了非遗所能够触及的受众范围，并且让其影响力也得到提升。借助旅游体验这种方式，游客是能够直接去接触并感知非遗的，进而能够形成一种更为直观且立体的认知以及理解状态。这样一种建立在亲身实地体验基础之上的认知方式，相较于传统

的单纯依靠文字来进行介绍或者仅仅凭借图像来进行展示的方式而言，其具备更强的感染力以及更大的说服力，能够在很大程度上更为有效地激起游客对于非遗的兴趣，并且促使他们对非遗产生更多的尊重之情。与此旅游体验还在一定程度上推动了非遗知识的广泛普及以及有效传播，使得公众对于非遗保护的重要性有了更加清晰的认识。除此之外，旅游体验同样对非遗的跨文化传播以及国际间的交流起到了促进作用。伴随入境旅游不断地发展前行，越来越多的国际游客会通过参与旅游活动的方式来接触并深入了解中国的非遗，进而逐步转变成为中国文化传统的欣赏者以及积极的传播者。

文旅融合所呈现出的对非遗创新性发展的推动机制，实际上反映出了二者共生关系内在的深层逻辑关联。文旅融合给非遗的创新性发展带来了全新的思路、行之有效的办法以及广阔的平台。旅游市场的那种以需求为导向的情况，驱使着非遗在维持自身文化本真性这一前提下展开适应性创新活动，进而能够契合现代消费者在审美方面的偏好以及对于体验的需求。旅游业具备的跨界特性，赋予非遗多元多样的创新空间，并且还为其创造了诸多的合作契机，推动了非遗和设计领域、科技领域、教育领域等诸多领域之间的跨界融合进程。旅游业所拥有的国际视野，又给非遗带来了全球范围内的创新资源以及市场方面的机会，推动了非遗在国际层面上的交流以及合作事宜。从更为深层次的角度来讲，文旅融合对非遗创新性发展起到推动作用，很好地体现出了“创造性转化、创新性发展”这样的非遗保护理念，这无疑也是非遗和现代生活、现代产业达成有机结合的一条极为重要的途径。

四、互嵌共生关系的挑战与优化路径

在互嵌共生进程里所出现的矛盾以及风险状况，这无疑是非遗和文旅相融合时实际存在的严峻挑战。文化原本所具有的真实性跟市场方面的诸多需求之间，存在着一种潜在的冲突情况。就旅游开发来讲，在这个过程当中，为了能够契合游客的口味以及满足市场的各类需求，非遗极有可能会遭到过度的简化处理，又或者被赋予过多的符号化意味，甚至还有可能被当成商品来肆意炒作一番，如此一来，其自身所蕴含的文化内涵以及所具备的精神价值，便很容易出现被弱化或者是被扭曲的不良情形。

互嵌共生关系的平衡与协调策略可应对上述挑战。先确立文化引领的开发理念与评价体系，在非遗旅游开发中，秉持“以文塑旅、以旅彰文”原则，把文化价值及传承当作首要目标，视经济效益为文化保护的手段而非目的，构建科学的非遗旅游开发评价体系，把文化保护成效、传承人受益程度、社区参与度等指标纳入评价范围，引导开发主体树立正确价值取向。构建多元主体协同参与的治理机制，促使政府、企业、社区、传承人、专业机构等多元主体共同参与非遗旅游开发的决策、实施与监督，形成权责明确、利益共享、风险共担的协同治理格局，尤其要保障传承人和传承群体的主体地位与话语权，保证其在开发过程中的充分参与和合理受益。最后完善非遗知识产权保护与利益分配机制，强化非遗相关知识产权的法律保护，明确非遗资源的权属关系与使用规则，建立公平合理的利益分配机制，确保传承主体从非遗旅游开发中获得应有回报，比如设立非遗保护基金、建立特许经营制度、实施收益分成模式等，达成经济利益的合理分配与文化价值的有效保护。

互嵌共生模式的创新以及可持续发展的路径，这无疑代表着非遗和文旅融合所指向的未来方向。要积极推动非遗旅游产品朝着多元化的方向去发展，并且在差异化方面多做文章。依据不同类型非遗所具备的不同特点，再结合不同群体游客所呈现出的各类需求，着力去开发出多层次且多样化的产品形态，如此一来便能够有效地避免出现同质化竞争以及低水平的重复情况。比如说，可针对大众游客来开发那种具有普及性质的非遗体验项目，而针对文化爱好者则去开发深度研学的相关项目，至于专业人士，不妨开发一些学术交流方面的项目，进而形成一个具备差异性的完整产品体系。要切实促进非遗和现代科技达成深度融合的态势。借助数字技术、虚拟现实还有增强现实等一系列现代科技手段，对非遗的展示方式进行创新，同时也要对传播渠道加以革新，以此提升非遗旅游所具有的体验性以及互动性。还需构建起非遗旅游的区域协作与品牌联动相关机制。冲破行政区划所设定的种种限制，把文化生态区或者文化圈当作一个整体单位，将区域内的非遗资源以及旅游资源加以整合，进而形成资源共享、优势互补并且能够协同发展这样的区域合作格局。

非遗和文旅相互嵌入以及共生的关系，这构成了文旅融合发展的内在逻辑以及实现的具体路径。仔细分析非遗与文旅互嵌共生的理论层面的阐释、嵌入的实际机制、反哺的内在逻辑还有优化的操作路径，能够发现，非遗和文旅二者之间绝非仅仅是资源方面的简单整合或者说是产业层面的单纯叠加，而是一种在深层次上存在的结构性嵌入以及功能性的共生状态。这样的互嵌共生关系一方面很好地体现了“以文塑旅、以旅彰文”的文旅融合理念，另一方面反映了“保护为主、传承为本、合理利用、持续发展”的非遗保护方针，进而为非遗保护与文旅融合协同推进的发展给予了理论层面的指导以及实践中的可行路径。

在新时代这个大背景之下，进一步加深非遗和文旅之间那种互嵌共生的关系，这对于推动文化强国的建设工作以及促使文旅产业实现高质量发展而言，有着不容忽视的重要意义。从一个方面来讲，借助文旅融合这一方式，可以给非遗保护给予相应的经济方面的有力支撑，同时还能为其搭建起有效的传播平台，如此一来便能够推动非遗达成活态传承的目标，并且促使其在创新发展方面有所作为。从另一个方面来讲，凭借非遗资源，能够为旅游业赋予一定的文化内涵，同时也能够为其带来创新的动力，进而提升旅游产品所具备的文化品质，增强其在市场当中的竞争力。在未来，伴随着文化自信程度的不断提升以及旅游消费水平的持续升级，非遗和文旅之间的互嵌共生关系将会变得更为紧密，二者所产生的协同效应也会变得更加明显，最终共同为建设社会主义文化强国以及满足人民日益增长的美好生活需要做出更多的贡献。

第五节　政策环境与协同发展的现实动因

政策环境在非遗保护以及文旅融合发展方面充当着制度保障的角色，同时其还能给予战略方面的引导，对于推动二者协同发力发展而言，它起到了极为关键的作用。伴随着我国文化自信战略不断深入推进，还有文旅融合国家战略持续全面推进，非遗保护和文旅融合的政策体系也变得日渐完善起来，为协同发展提供了强有力的支撑。

一、政策环境的历史演变与体系构建

我国非遗保护政策体系的形成发展过程是逐步推进的，从无到有，从零散走向系统。2021年中共中央办公厅、国务院办公厅印发《关于进一步加强非物质文化遗产保护工作的意见》，从国家战略高度对非遗保护工作进行全面部署[4]。2022年文化和旅游部等七部门联合印发《传统工艺振兴计划（2022—2030年）》，进一步完善非遗保护的专项政策。这一连串政策文件相继出台，逐步构建起以法律为核心、以规划为引导、以专项政策为依托的非遗保护政策体系。

非遗和文旅协同发展的政策体系整合，可以说是近年来政策环境极为显著的一个特点。在2021年所颁布的《“十四五”非物质文化遗产

保护规划》当中，首次把“推动非遗与旅游融合发展”这一内容单独设立为专章，还明确提出要在切实做好有效保护工作的前提之下，积极推动非遗和旅游实现融合发展，大力支持非遗能够有机地融入景区景点、特色街区、文化园区以及旅游度假区等诸多领域之中。到了2024年的时候，多地都相继出台了有关非遗与文旅融合发展的具有地方特色的政策文件，《关于进一步加强非物质文化遗产保护工作的实施意见》，其中就提出了要“建立京津冀非物质文化遗产区域保护协同机制”；而杭州市所发布的《关于建设高水平非物质文化遗产保护传承体系的实施意见》则着重强调了“完善把非物质文化遗产保护纳入经济社会发展相关规划的制度机制”。这些政策文件相继出台之后，便成功实现了非遗保护政策和文旅融合政策的有机整合，进而为这两者能够协同发展给予了具有系统性的政策方面的有力支持。

二、政策工具与治理机制创新

非遗保护以及文旅融合所涉及的政策工具，在类型与具体应用方面都呈现出多元化的显著特征。依据这些政策工具各自的作用机制来划分，大致能够归为供给类、环境类还有需求类这三大类别。就供给类政策工具而言，其主要涵盖财政方面的投入、专门设立的资金项目以及税收给予的优惠政策，等等，像文化和旅游部所设立的专门用于非遗保护的资金项目，还有非遗传承人群研修、研习培训的相关计划，等等，这些都能够为非遗保护以及文旅融合给予直接的资源支撑。

构建并不断优化多元主体协同治理机制，这无疑属于政策环境创新的关键指向所在。就传统情况而言，非遗保护以及文旅发展往往是由政府来主导推进的，在此过程中存在着部门相互分割、不同层级间有壁垒等诸多问题。近些年来，伴随治理理念出现转变，多元主体协同治理机制便一步步得以建立起来。在纵向协同这一层面，已然建立起中央、省、市、县这四级联动的非遗保护以及文旅融合工作机制，就像文化和旅游部明确要求各地需“建立健全非遗与旅游融合发展工作协调机制”一般，以此来促使相关政策能够从中央顺利落实到地方。

政策执行以及评估反馈机制的创新，在政策环境得以优化的过程中，属于极为关键的一个环节。就传统的情况来看，政策执行往往较多地把关注点放在政策的制定以及发布方面，然而对于政策的落实情况以及后续的评估工作却有所忽视，如此一来便出现了所谓的“政策空转”这样一种现象。近些年来，非遗与文旅融合政策的执行机制一直在不断地进行创新尝试，进而形成了一种“目标明确、责任清晰、过程有监督、结果有评估”的闭环管理模式。具体而言，在目标设定这个层面，相关政策文件都明确指出了能够量化的且具备可考核性的具体目标；在责任落实这个层面，则建立起了“谁主管、谁负责”这样的责任制度；而在过程监督这个层面，又构建起了常态化的督查机制以及信息公开的相关制度。在结果评估这个层面，还建立起了较为科学合理的评估指标体系以及第三方评估机制。通过这样的一种政策执行以及评估反馈机制方面的创新举措，从而促使政策制定、执行、评估以及调整这几个环节能够形成一种良性的循环状态，进一步提升了政策所具有的针对性以及有效性，也为非遗与文旅融合营造出了更为科学规范的政策环境。

三、协同发展的内外部动力机制

文化价值传承以及经济效益提升所具有的内生动力，这构成了推动非遗和文旅协同发展的核心动因所在。非遗属于中华优秀传统文化极为重要的一个构成部分，它承载着数量众多且丰富多样的历史记忆、文化基因以及精神价值，对其加以保护并传承下去，无疑是文化自信的一种重要呈现方式。不过传统意义上的保护模式在实际运行过程中，面临着诸如资金方面存在短缺情况、传承环节出现断层等一系列的挑战，所以很难达成可持续发展的目标。而文旅融合则为非遗保护开拓出了全新的路径，借助市场机制来激活非遗资源，进而促使文化价值与经济价值能够双双实现有效转化。

消费升级以及产业转型所形成的市场驱动力，构成了非遗与文旅协同发展的现实根基。旅游消费呈现出从观光型朝着体验型转变、从物质享受转向精神享受、从单一产品变为复合产品的趋势，这也就对旅游产品的文化内涵以及体验质量提出了更高的要求。与此传统旅游业面临着同质化竞争以及增长乏力等诸多问题，迫切需要借助转型升级来探寻新的增长点。作为独特且宝贵的文化资源，非遗有着极为鲜明的地域特色以及文化魅力，其可满足游客对于深度文化体验的需求，进而为旅游业的转型赋予了全新的方向。

国际文化交流以及区域协同发展所带来的外部推力，这无疑是在推动非遗和文旅协同向前发展的一个极为重要的因素。就全球化的这个大背景来看，文化交流变得越来越频繁了。非遗作为中华文化当中

传统非遗与假日经济的结合——北京荷花市场中的灯龙

极为重要的一种载体，其肩负着把中国形象展示给全世界、将中国故事讲给各国听这样的重任。“一带一路”倡议在得以实施之后，为非遗开展国际传播开拓出了一个新的平台。借助文化交流活动还有旅游合作项目等这些形式，切实推动着中国非遗朝着世界舞台不断迈进。

四、政策环境优化与协同发展路径

政策环境优化的关键领域以及突破方向，对于推动非遗和文旅协同发展而言，无疑是极为重要的保障所在。就当下情况来看，非遗与文旅融合的政策环境当中，依旧存在着诸如政策碎片化、执行方面不够协调、评估机制不完善等一系列问题，所以有必要在如下几个领域展开优化工作。其一，要完善法律法规体系，积极推进《中华人民共和国非物质文化遗产法》的修订事宜，增加有关非遗与旅游融合发展的相关条款内容，以此来为二者协同发展给予更为明确的法律层面依据。其二，得健全规划标准体系，着手制定非遗旅游开发方面的技术规范以及质量标准，对非遗旅游产品的开发以及服务的提供予以规范，进而提升非遗旅游的整体品质与水平。其三，需创新财税金融政策，设立专门针对非遗与文旅融合发展的专项资金，同时完善税收优惠政策，引导金融机构进一步加大对于非遗旅游项目的支持力度，从而解决融资难、融资贵等实际问题。其四，要优化人才培养政策，强化非遗传承人与旅游从业人员之间的交流培训活动，着力培养那些既懂得非遗又了解旅游的复合型人才，以此为非遗与文旅融合奠定人才方面的有力支撑。其五，还需完善知识产权保护政策，加强针对非遗相关知识产权的法律保护力度，明确非遗资源的权属关系以及使用规则，建立起公平合理的利益分配机制，确保传承主体能够从非遗旅游开发当中获取到应有的回报。上述这些政策环境的优化方向，将会为非遗与文旅协同发展给予更为强有力的制度保障以及政策方面的有力支持。

政策支持下的非遗与文旅融合可持续发展机制，可为其提供长效协同的制度保障。可持续发展本就是非遗与文旅融合的关键理念以及最终追求的目标，所以务必要构建起长效机制，以此来保证二者能够实现协调的发展态势。要建立起以文化为主导的开发理念以及相应的评价体系，在开展非遗旅游开发相关工作的时候，始终秉持“以文塑旅、以旅彰文”这一原则，把文化价值以及文化传承当作最为重要的目标，而把经济效益仅仅视作是文化保护的一种手段，并非目的所在。

政策环境以及协同发展动因，这二者是推动非遗保护与文旅融合的关键要素，并且构成了其内在逻辑。通过全面分析政策环境的历史演变情况以及体系构建状况，政策工具与治理机制方面的创新举措，协同发展所涉及的内外部动力机制，还有政策环境优化以及协同发展路径等相关内容，能够发现，非遗保护与文旅融合的协同发展一方面是有国家战略引导所产生的结果，另一方面也是由市场需求驱动而形成的产物，同时也是文化传承以及产业创新内在需求的表现。政策环境给非遗与文旅融合给予了制度方面的保障以及战略层面的引导，而协同发展动因为二者的融合带来了持续不断的动力以及创新的活力，这两者之间相互产生作用并且相互促进，一同促使非遗保护与文旅融合朝着更高质量以及更深层次的方向不断发展。

随着国家文化强国战略持续深入推进以及文旅融合国家战略得以全面推进，政策环境会变得更加优化，协同发展所具备的动力也会呈现出更为多元的态势，非遗保护与文旅融合将会迎来一片更为广阔的发展空间。其一，要对政策法规体系予以进一步完善，对政策工具以及治理机制进行创新，以此给非遗与文旅融合给予更加坚实的制度保障；其二，需充分挖掘文化价值传承以及经济效益提升所具有的内生动力，紧紧抓住消费升级以及产业转型所带来的市场机遇，开拓国际文化交流以及区域协同发展的外部空间，从而为非遗与文旅融合赋予持久不衰的活力。凭借政策引导以及多元动力的协同推动，非遗保护与文旅融合定能达成更加深厚的价值共创以及更加具有可持续性的协同发展，进而为建设社会主义文化强国以及满足人民美好生活的需求做出更大的贡献。

第二章　非遗保护的文化基因与经济转化路径

第一节　非遗文化基因的解码与传承机制

非物质文化遗产属于中华文明的一种活态载体，其中蕴含着丰富的文化基因以及精神密码，这无疑成为中华民族文化自信的关键源头所在。伴随全球化以及现代化进程不断提速，非遗保护与传承便面临着从未有过的机遇与挑战。对非遗文化基因展开细致解码，并构建起科学且有效的传承机制，这既是守护民族文化根基的必要要求，同时也是促使非遗和现代生活达成创造性融合的重要途径。文化基因理论赋予了我们全新的视角去理解非遗的内在结构以及传承规律，借助对非遗文化基因的系统解码以及传承机制的创新构建，可实现非遗保护从单纯表层形式保护到深层文化基因传承的转变，进而为非遗的活态传承以及创新发展给予理论方面的有力支撑与实践层面的有效指导。

一、非遗文化基因的内涵与结构

非遗文化基因指的是蕴含于非物质文化遗产之内的那些核心文化元素以及结构性特征，其是非遗能够实现传承并得以发展的内在驱动力量以及本质的规定内容。文化基因理论源自将生物学基因概念跨学科地加以应用，凭借对文化现象展开结构化的剖析，以此来揭示出文化传承以及变异的内在机制。

非遗文化基因呈现出多维复合的特点，具体表现为物质与非物质的统一、显性与隐性的共存以及稳定与变异的辩证关联。一开始，非遗文化基因虽说主要是以非物质的状态存在的，然而它常常会依附在特定的物质载体之上，就好比传统工艺里的工具、材料以及作品这类东西，这两者之间相互依赖，是无法分割的。中国社会科学院学者王文章指出，非遗的物质性与非物质性是辩证统一的，物质载体是非遗得以传承的必要条件，而非物质内容则是其文化价值的核心所在[5]。非遗文化基因同时具备显性以及隐性这两种不同的存在形态。显性基因是以可以被直接观察到以及记录下来的技艺流程、表演形式等样子呈现出来的，而隐性基因则是体现为那些难以被直接捕捉到的情感体验、价值认同以及文化记忆等方面。除此之外，非遗文化基因还拥有相对稳定性与动态变异性这两种相互交织的特征。一方面来讲，作为文化传统的承载者，非遗文化基因得要维持相对的稳定状态，以此来维系文化的连续性；另一方面来说，为了能够适应社会的变迁以及时代的需求，非遗文化基因也在不断地开展自我调适以及创新发展的相关工作。这种“在稳定当中去寻求变异、在变异过程当中保持稳定”的辩证关系，便构成了非遗活态传承的内在的逻辑依据。

二、非遗文化基因的解码方法与理论基础

非遗文化基因的解码，具体来讲就是凭借系统的调查、分析以及研究等方式，去揭示非遗项目里面所蕴含的文化密码以及内在结构，进而为非遗的保护与传承给予科学方面的依据。从方法论的角度来考量，非遗文化基因的解码主要涵盖符号学解码、结构主义解码还有文化人类学解码这三条路径。符号学解码把非遗当作是一种符号系统，通过对它的能指与所指二者关系展开分析，以此来揭示非遗的意义生成机制。

非遗文化基因解码的理论依据涵盖文化记忆理论、文化生态学理论以及文化传播学理论。文化记忆理论秉持这样一种观点，即非遗属于集体记忆的一种载体，它借助仪式、节庆、口头传统等不同形式，促使群体的历史经验以及文化认同能够一代又一代地传承下去。文化生态学理论把非遗当作文化生态系统的一个有机构成部分，着重强调非遗和其生存环境之间存在着互动的关系。

三、非遗传承机制的类型与创新路径

非遗传承机制指的是非物质文化遗产在时间层面能够实现延续以及发展的一种制度方面的安排，同时也是其运行的具体模式，它充当着连接过去、当下以及未来这样三个不同时段的文化方面的纽带。从类型学的角度来展开分析，非遗传承机制主要涵盖家族传承、师徒传承、社区传承以及机构传承这四种不同的类型。

非遗传承机制的创新途径主要呈现于教育融入、数字赋能以及产业转化这三个方面。其中，教育融入指的是把非遗知识以及技能纳入国民教育体系当中，借助学校教育和社会教育相互结合的方式去培育非遗传承人才。从浙江大学施爱东教授所开展的研究来看，把非遗融入基础教育，这不但有益于培育学生对于文化的认同感以及创造力，为非遗传承开拓出了新的渠道。如杭州市探索的“通过现代学徒制培养非遗传承人的模式、机制和路径”，引进国家级非遗传承人进入职业学校，实现了传统技艺与现代教育的有机结合[6]。而数字赋能则是说运用数字技术对非遗展开记录、保存、展示以及传播等相关工作，以此来拓展非遗传承在时间与空间方面的维度。比如，利用VR/AR技术再现传统工艺制作的场景，凭借数字博物馆来展示非遗资源，运用区块链技术保护非遗的知识产权等，这些都属于数字赋能非遗传承的创新实践之举。至于产业转化，它是指将非遗资源转变成拥有市场价值的文化产品以及服务，依靠市场机制推动非遗实现可持续的发展。

四、非遗文化基因传承的现实挑战与优化策略

非遗文化基因传承当下正遭受着诸多挑战，像传承出现断层情况、生态环境遭受破坏、被商业异化以及存在技术方面的鸿沟等。所谓的传承断层，是因为城市化进程推进、人口持续流动还有生活方式发生改变，使得非遗传承人呈现老龄化态势，并且后续人才匮乏，中国社会科学院相关调查说明，我国大概有40%的国家级非遗项目面临

传承人断代的风险，尤其是那些技艺较为复杂且学习周期较长的传统工艺项目。生态破坏指的是非遗赖以存续的自然环境以及社会环境都遭到了破坏，致使非遗失去了赖以生存的土壤。

面对这些挑战，非遗文化基因传承的优化策略主要包含构建多元传承体系、强化生态整体保护、推动创造性转化以及加强数字化能力建设。构建多元传承体系意味着突破单一传承模式的限制，将家族传承、师徒传承、社区传承以及机构传承等多种方式整合起来，形成能够互补协同的传承网络。加强数字化能力建设指的是提高非遗传承主体的数字素养和技术应用能力，减少数字鸿沟，推动非遗的数字化保护与传播。

非遗文化基因的解码以及传承机制方面的研究，这既是理解并且保护非物质文化遗产的关键要点所在，同时也构成了推动非遗创新发展所依循的理论根基。仔细分析非遗文化基因的内涵以及其结构，便能够察觉到非遗并非仅仅是表面的形式以及技艺层面的东西，它更是处于深层次之中的文化密码以及精神核心所在之处。非遗文化基因有着层级性的结构特点，并且还具备多维复合的特性，要想对其进行解码，那就得运用像符号学、结构主义还有文化人类学等诸多不同的方法，而且要以文化记忆、文化生态学以及文化传播学等相关理论框架作为依托。非遗传承机制正展现出一种演进的趋势，那就是从原本单一的传承模式逐渐朝着多元传承转变，从较为封闭的传承状态慢慢走向开放传承的状态，从静态的保护方式逐步迈向动态传承的方式。而教育融入、数字赋能以及产业转化这几方面，就构成了非遗传承机制创新的关键路径所在。

在面临传承出现断层、生态环境遭受破坏、被商业异化以及存在技术方面的鸿沟等诸多现实挑战的情况下，非遗文化基因的传承有必要去构建起多元化的传承体系，同时要强化针对生态的整体保护工作，推动其进行创造性的转化，并且还要着力加强数字化能力的建设。通过这一连串优化策略的具体实施，能够促使非遗实现从单纯的形式保护朝着基因传承这样的转变，进而更为妥善地守护好中华文明所拥有的文化根脉，进一步增强民众对于自身文化的自信以及文化认同感。随着对文化基因理论展开的研究日益深化，传承实践也不断推陈出新，非遗文化基因的解码方式以及传承机制会一步步得到完善，这将会为非遗保护工作以及文旅融合事宜给予更为稳固的理论方面的支撑以及实践层面的指导。

第二节　传统工艺类非遗的现代活化模式

传统工艺类非物质文化遗产属于中华优秀传统文化范畴内的一个重要构成部分，它蕴含着丰富多样的历史记忆、技艺智慧以及美学价值。伴随现代化进程不断加快以及人们生活方式出现改变，传统工艺类非遗遭遇了生存空间逐渐萎缩、传承断层情况日益严重、市场需求有所减少等诸多方面的挑战。怎样在对传统工艺本真性加以保护的前提之下，达成其与现代社会的有机融合，推动传统工艺类非遗实现活态传承并且获得可持续发展，这已然成为非遗保护领域当中的一个核心关键议题。现代活化算得上是一种具有创新意义的保护理念以及实践模式，其着重于在充分尊重非遗原真性的基础之上，借助创造性转化以及创新性发展的方式手段，给予传统工艺全新的时代内涵以及市场价值，促使非遗完成从“博物馆里的遗产”到“日常生活中的文化”的转变过程。

一、传统工艺类非遗的活化理论基础

传统工艺类非遗的活化理论基础涵盖了文化生态学理论、活态传承理论以及创造性转化理论。文化生态学理论把传统工艺当作特定文

化生态系统里的有机部分，着重指出传统工艺和它所处生存环境之间的互动关联。中国社会科学院学者刘魁立提出的“文化生态保护区”理念，主张在保护传统工艺的同时，也要保护其赖以生存的文化生态环境，为传统工艺类非遗的整体性保护提供了理论依据[7]。从文化生态学的角度来讲，活化是要让传统工艺在原有的文化语境当中获取新的生机与活力，而不是单纯地把它从原本的环境里剥离出来去做商业开发。

活态传承理论属于传统工艺类非遗实现活化所依据的重要理论基础之一。该理论着重指出，非遗需要在日常生活的具体情境以及社会实践活动当中达成动态层面的传承，并且获得创新发展方面的成果。这一理论给传统工艺类非遗迈向现代活化赋予了全新的创新思路，也指明了相应的实践路径。它着重强调，活化并非仅仅是简单的复制操作或者是单纯的模仿行为，而是在充分尊重传统底蕴的前提之下的创造性转化举措，同时也是创新性发展的体现。

工艺类非遗象牙雕刻——《长征》

二、现代活化的主要路径与创新机制

传统工艺类非遗的现代活化路径主要涵盖设计赋能、数字转化以及产业融合这三种模式。设计赋能指的是借助现代的设计理念以及相关的方法来针对传统工艺展开创新性的改造工作，从而让其能够更好地契合现代的审美标准以及使用方面的需求。

数字转化是传统工艺类非遗走向现代活化的一条颇为重要的途径。其借助数字技术对传统工艺展开记录、予以保存、进行展示以及推动传播等一系列操作，进而拓展了传统工艺在时空维度方面的广度，也丰富了其表现形式。浙江大学相关研究团队针对绍兴传统手工艺开展的数字化保护与传承路径方面的研究表明，数字化转化大概包含着三个不同层次的内容：其一便是数字化记录，也就是运用数字技术对传统工艺的制作流程、技艺要点还有文化内涵等各方面展开全方位且细致的记录工作；其二为数字化展示，即凭借VR/AR、3D建模等这类技术手段去重现传统工艺的制作具体场景以及最终呈现出来的成果；其三则是数字化创新，也就是利用数字技术对传统工艺实施创新性的改造举措，并且推进其在应用层面的拓展事宜。如苏州刺绣通过数字化技术记录传统刺绣技艺的针法和图案，建立数字化资源库，并利用数字印刷技术与传统刺绣工艺结合，开发出兼具传统美感和现代效率的新型刺绣产品，实现了传统工艺的数字化保护和创新发展[8]。

产业融合可算作是传统工艺类非遗走向现代活化的一条路径，其做法是把传统工艺同文化旅游、创意设计以及时尚产业等诸多现代产业相互融合起来，进而构建起一个多元化的产业生态系统，以此来促使传统工艺的经济价值提升，并且使它的社会影响力增强。

三、活化过程中的现实困境与典型案例

传统工艺类非遗在现代活化进程中面临诸多困境，如本真性保护与创新发展难以平衡、传承人才培养和市场化运营存在矛盾、产业化

发展与社区参与不易协调等。本真性保护与创新发展平衡困境体现在活化时既要保留传统工艺文化本真性又要实现其创新发展，如何平衡是首要挑战。传承人才培养与市场化运营矛盾在于传承人专注技艺传承却缺乏市场意识和经营能力，而市场化运营需有现代管理理念和市场营销能力的专业人才，二者存在知识结构和能力差异。产业化发展与社区参与协调挑战在于传统工艺产业化时要保证当地社区尤其是传承群体有效参与并合理受益，防止传统工艺被资本主导而脱离原生社区。

在面对这些困境的时候，部分地区的某些项目凭借创新实践探寻出了颇为成功的活化模式。江苏苏州的“姑苏非遗工坊”便属于传统工艺类非遗现代活化的典型实例。该项目采用政府给予引导、依靠市场来运作并且让社会予以参与的方式，在古城区打造了一个综合性的平台，这个平台把传统工艺展示、体验、销售以及传承等多项功能融合到了一起。“姑苏非遗工坊”借助三种创新机制达成了传统工艺的现代活化这一目标：其一，是“传承人+设计师”的协作机制，会邀请现代设计师同传统工艺传承人展开合作，在确保保留传统技艺精髓的前提之下开发出现代化的产品；其二，是“生产性保护+体验式消费”的运营模式，把传统工艺的生产过程当作文化体验项目对外开放，如此便实现了传统工艺在展示传承方面的目的以及在经济创收方面的需求；其三，是“线下体验+线上销售”的营销策略，借助电商平台还有社交媒体去拓展传统工艺产品的销售渠道以及提升其影响力。这个案例成功地实现了传统工艺的活态传承以及产业化发展，为破解本真性保护与创新发展之间的平衡困境给出了很有价值的参考。

四、传统工艺类非遗活化的优化策略与发展前景

传统工艺类非遗在现代活化过程中面临诸多困境，可从政策支持体系完善、人才培养模式创新、数字技术深度应用以及多元主体协同

治理等方面来优化。政策支持体系完善，即构建涵盖传统工艺研发、生产、销售、传承全过程的政策支持体系，以此给传统工艺类非遗的现代活化给予制度方面的保障。中国传媒大学姚国章教授提出了传统工艺数字化发展的“三步走”战略：第一步是数字化记录，也就是要建立起传统工艺数字资源库；第二步是数字化传播，借助新媒体平台来提升传统工艺的影响力；第三步是数字化创新，运用数字技术赋予传统工艺创新发展的动力。像利用区块链技术来保护传统工艺的知识产权，借助大数据分析来优化传统工艺产品的设计，利用人工智能技术辅助传统工艺生产等，这些都是数字技术深度应用的具体实例。多元主体协同治理，就是构建起由政府、市场、社会组织以及社区居民等多方共同参与的传统工艺治理体系，从而形成传统工艺保护与发展的合力。

传统工艺类非遗在当下及未来会呈现出四个方面的显著发展趋势：其一，从单纯侧重保护的状态朝着多元融合的方向去转变，传统工艺会和文化旅游、创意设计以及数字经济等诸多领域展开深度融合，进而形成一种多元化的全新发展格局；其二，从技艺传承逐步拓展到文化传播领域，传统工艺并非仅仅技艺方面的传承，它同时也是文化的传播载体，在文化自信建设以及文化软实力提升方面将会发挥出更为重要的作用；其三，从本土自身的发展状况延伸至国际交流层面，传统工艺会借助“一带一路”等国际交流合作平台迈向世界舞台，以此来推动中华文化在国际范围内的传播，并且促成不同文明之间的相互借鉴；其四，从物质生产环节向着精神生活的层面去升华，传统工艺会超越单纯的物质层面所具备的功能，进而成为人们精神生活当中极为重要的组成部分，充分满足人们对于美好生活所怀揣着的精神文化方面的需求。这些所呈现出来的诸多趋势清晰地说明，传统工艺类非遗的现代活化不仅仅涉及技艺方面的创新以及产业层面的发展情况，更是关乎文化的传承以及价值的重新构建，它会在新时代中国特色社会主义文化建设进程当中发挥着愈加重要的作用。

在往后的岁月里，传统工艺类非物质文化遗产的现代活化会显现出多元融合、文化传播、国际交流以及精神升华这样的发展趋势，于新时代中国特色社会主义文化建设当中发挥出更为重要的作用。传统工艺类非遗的现代活化并非仅仅针对传统文化展开保护与传承的一项工作，更是对中华优秀传统文化创新性发展的一次生动实践，对于增强文化自信、提升文化软实力、推动文化产业发展以及满足人民群众精神文化方面的需求有着极为重要的意义。在未来，应当进一步强化理论层面的研究以及实践方面的探索，构建起更为科学且行之有效的传统工艺类非遗现代活化模式，使传统工艺类非遗在新时代焕发新的生机与活力。

第三节　口头与表演类非遗的传播机制创新

口头与表演类非物质文化遗产属于中华优秀传统文化极为重要的一个部分，其涵盖民间文学、曲艺、戏剧、音乐、舞蹈等诸多不同的形态，蕴含着丰富多样的历史记忆、文化智慧以及审美价值。这类非遗有着十分鲜明的口头性、表演性以及即时性特点，在传承的过程当中对人机互动以及场景体验有着极高的依赖程度，所以处在现代社会的传播环境之下，它面临着颇具特色的挑战与机遇。伴随媒介技术不断进行迭代更新以及传播环境发生深刻且剧烈的变革，传统的那种依靠师徒之间相互传授、凭借口耳相传的传播方式，已经很难契合当代社会的发展实际需求了，迫切需要去探索具有创新性的传播机制，从而达成口头与表演类非遗的活态传承以及可持续发展的目标。

一、口头与表演类非遗传播机制的理论基础

口头与表演类非遗传播机制的理论基础涵盖了口头传统理论、表演理论以及传播学理论等方面。其中，口头传统理论源自美国学者帕里还有洛德针对南斯拉夫史诗歌手所展开的相关研究，在此研究过程中，他们发现口头传统具备程式化、存在变异性以及有情境性等诸多特征。

表演理论给理解表演类非遗的传播机制开辟了又一个关键的视角。美国人类学家辛格以及戈夫曼所秉持的表演理论指出，文化表演属于一种社会行为，它是借助身体、声音、道具等诸多符号系统，在特定的时间与空间当中呈现出文化意义以及社会关系。

二、传播路径的创新与融合机制

口头与表演类非遗传播路径的创新，主要呈现出数字化传播、跨

表演类非遗舞狮——广东醒狮

媒介叙事以及沉浸式体验这三个方面的特点。所谓数字化传播，就是借助数字技术针对口头与表演类非遗展开记录工作，同时做好保存事宜，还要将其展示出来并加以传播，以此来拓展这类非遗所具备的时空维度，丰富其表现形式。

跨媒介叙事是口头与表演类非遗传播的一条颇具创新性的路径，其借助多种媒介形式展开协同叙事，构建起立体化且多层次的非遗传播体系。北京大学艺术学院王一川教授的研究表明，沉浸式体验主要通过三种方式实现：一是空间沉浸，即创造具有文化氛围和历史感的物理或虚拟空间；二是情感沉浸，即通过故事、音乐、表演等元素激发受众的情感共鸣；三是互动沉浸，即通过参与式设计使受众成为非遗传播的主体和参与者[9]。就像敦煌莫高窟的“数字敦煌”项目，其运用数字复原、虚拟现实等技术，创设出了沉浸式的文化体验空间，使得观众可以身临其境地去感受敦煌艺术的独特魅力，由此实现了传统文化的创新性传播。

口头与表演类非遗传播的融合机制主要体现在内容融合、渠道融合和主体融合这三个方面。内容融合指的是把口头与表演类非遗的传统内容同现代审美、时代主题以及流行元素相互结合起来，进而创造出有着传统底蕴并且带有现代表达特点的全新文化内容。中国社会科学院民族学与人类学研究所巴莫曲布嫫研究员提出，主体融合主要通过三种机制实现：一是传承人赋能，即提升传统传承人的现代传播能力和市场意识；二是专业支持，即发挥专业机构和人才在非遗传播中的引导和支持作用；三是公众参与，即鼓励和引导社会公众特别是年轻群体参与非遗的传播和创新[10]。

三、传播机制创新的优化策略与发展前景

就口头与表演类非遗传播所遭遇的困境而言，可从传播主体培育、传播内容创新、传播渠道拓展以及传播评价体系构建这四个方面

来探寻优化策略。其中，传播主体培育指的是要着力于培养那些兼具传统文化素养以及现代传播能力的复合型人才，以此为口头与表演类非遗的传播给予人才方面的有力支撑。传播内容创新在于要在维持非遗核心价值以及文化特质的前提之下，针对其内容形式、表达方式以及呈现手法展开创新举措，以此提升其传播力以及吸引力；其二是现代表达转化，即借助现代叙事手法以及艺术语言来重新诠释传统内容；其三是跨界融合创新，就是把非遗元素与其他艺术形式、文化领域相互融合起来，进而创造出全新的文化表达方式。此策略既维持了非遗的文化本质，又强化了其在现代的表达能力，从而为口头与表演类非遗的内容创新提供了相应的理论指导。

传播渠道拓展主要是指充分借助传统媒体以及新兴媒体，去构建起一个多元且立体的非遗传播网络，以此来进一步拓宽非遗的传播范围，并且提升其影响力。中国传媒大学姚国章教授提出了“全媒体传播”策略：一是传统媒体深耕，通过电视、广播、报刊等传统媒体进行系统性、深度性传播；二是新媒体布局，通过社交媒体、短视频、直播等新兴平台进行互动性、碎片化传播；三是融媒体协同，通过多种媒体的协同运作，构建立体化的传播矩阵[11]。该策略充分挖掘并利用了不同媒体所具有的特点以及优势，由此形成了一种传统媒体和新兴媒体相互补充、线上传播和线下体验协同配合的全媒体传播格局，从而为口头与表演类非遗的广泛传播给予了渠道层面的支持。

口头与表演类非遗传播机制创新，需秉持对其文化本真性的尊重态度，借助创造性转化以及创新性发展举措，达成基于现代社会得以广泛传播并实现活态传承之目的。此节内容会从传播机制的理论根基层面、传播路径方面的创新与融合机制角度、传播进程中的现实困境与典型案例剖析方面，还有传播机制创新的优化策略以及发展前景这些维度出发，全面且细致地探讨口头与表演类非遗传播机制创新相关事宜。

口头与表演类非遗的传播机制创新会呈现出互动参与、系统性传播、国际传播以及文化创造等发展趋向，在新时代中国特色社会主义文化建设当中发挥出更为重要的作用。口头与表演类非遗的传播机制创新不单单是对传统文化加以保护与传承，而且还是对中华优秀传统文化开展创造性转化以及创新性发展的具体实践，对于增强文化自信、提升文化软实力、推动文化产业发展以及满足人民群众精神文化需求有着十分重要的意义。在未来，需要进一步强化理论研究与实践探索，构建起更为科学且有效的口头与表演类非遗传播机制。

第四节　社会实践、仪式、节庆活动类非遗的社会传承

社会实践、仪式、节庆活动类非遗是人类社会文化系统的重要组成部分，它们通过特定的时空框架和象征体系，承载着社区群体的集体记忆、价值观念和文化认同。这类非遗项目的传承不仅是技艺或知识的传递，更是一种社会关系的再生产和文化意义的重新建构过程。在全球化和现代化冲击下，传统的社会传承机制正在发生深刻变化，如何在保持文化本真性的基础上，构建适应时代发展需要的社会传承体系，成为当前非遗保护工作面临的重要课题。

一、社会实践类非遗的集体记忆建构与传承机制

社会实践类非物质文化遗产是在特定社会群体中世代传承的、具有集体性和实践性特征的文化表现形式，往往与社区生活密切相关，承载着群体的历史记忆和文化认同。这类非遗项目的传承机制具有鲜明的社会性特征，其核心在于通过集体参与和社会实践来实现文化的代际传递和创新发展。

与个体传承为主的传统工艺类非遗不同，社会实践类非遗的传承

更多依赖于社区群体的集体参与和社会互动。在传统社会中，社区成员从幼年开始就通过观察、模仿、参与等方式逐步掌握相关的文化知识和实践技能，形成了自然而然的传承链条。城市化进程导致传统社区结构的解体，人口流动性增强使得稳定的传承群体难以维持，现代教育体系和生活方式的改变也冲击着传统的文化传承模式。当代社会实践类非遗传承机制的重构需要建立多元化的传承主体结构，创新传承方式和载体，完善传承的制度保障，为社会实践类非遗的传承创造良好的外部环境。

二、仪式类非遗的神圣性维护与世俗化适应

作为人类文化表达的重要形式，仪式类非物质文化遗产承载着深刻的精神内涵和象征意义。这类非遗项目往往具有强烈的神圣性特征，通过特定的时空框架、象征符号和行为规范，构建起连接神圣与世俗、传统与现代、个体与群体的文化桥梁。在当代社会转型过程中，仪式类非遗面临着神圣性维护与世俗化适应的双重挑战。

世俗化表现为宗教和神圣因素在社会生活中影响力的下降，理性化和科学化思维的普及，以及个体主义价值观的兴起。这种世俗化趋势对仪式类非遗产生了深刻影响：传统仪式的神圣意义在现代社会中逐渐淡化，年轻一代对传统仪式的认知和参与度下降；仪式的功能和意义发生转变，从原有的神圣功能向文化展示、旅游观光、社交娱乐等世俗功能转化。

仪式类非遗神圣性维护与世俗化适应的平衡策略需要在尊重传统文化内涵的基础上，积极探索适应现代社会发展需要的传承模式。要坚持文化本真性原则，在仪式的核心要素和基本程序方面保持相对稳定；允许适度的形式创新，在不违背文化内核的前提下，对仪式的表现形式、参与方式、传播手段等进行适当调整；加强文化阐释和教育传播，向公众特别是年轻一代传播仪式类非遗的文化价值和精神

意义。

三、节庆活动类非遗的时空重构与社会凝聚

节庆活动类非物质文化遗产通过特定的时间节律和空间布局，构建起独特的文化时空体系，承载着深厚的历史记忆和强烈的社会功能。在传统社会中，节庆活动往往与农业生产周期、宗教信仰体系和社会组织结构密切相关，形成了相对稳定的时空秩序。在现代社会条件下，传统的时空框架面临着重构的压力和机遇。

节庆活动的时间性特征是其文化价值的重要体现。传统节庆活动往往遵循特定的时间节律，这种节律既与自然时间相关，也与社会时间相连。以春节为例，作为成功列入人类非物质文化遗产代表作名录的重要项目，春节体现了中国人根据天时、物候的周期性节律安排生产生活的具体实践，彰显了人与自然和谐共生的理念。春节的时间确定来自中国传统历法，这一阴阳合历体系通过“置闰”“定朔”等方法，将日月不同的运行周期巧妙地调和到同一历法体系之中。

2024年“中国春节”入选联合国教科文组织人类非物质文化遗产代表作名录

现代传播技术的发展为节庆活动的社会影响力扩展提供了新的可能，通过电视、网络、移动媒体等渠道，节庆活动可以突破地域限制，实现更大范围的社会参与和文化共享。节庆活动类非遗时空重构与社会凝聚的实现需要在传承与创新的平衡中寻找，既要尊重传统时空框架，又要积极适应现代社会的时空特点。

四、多元主体协同下的社会传承网络构建

社会实践、仪式、节庆活动类非物质文化遗产的传承是一个涉及多元主体的复杂社会过程。在现代社会条件下，政府部门、文化机构、教育机构、社会组织、企业等多元主体都参与到非遗传承过程中，形成了更加复杂但也更加开放的传承网络。如何协调不同主体的利益诉求和行为逻辑，构建科学有效的多元主体协同传承机制，成为当前非遗保护工作面临的重要挑战。

政府部门在非遗社会传承网络中发挥着主导和协调作用。根据《非物质文化遗产传承发展工程实施方案》的要求，政府部门需要承担统筹管理、协同推进的职责，通过政策制定、资金投入、平台搭建等方式为非遗传承创造良好的外部环境。政府部门的作用主要体现在制定相关法律法规和政策措施，投入必要的资金和资源，搭建传承平台和交流机制，加强宣传推广和教育普及。

作为非遗的持有者和传承者，社区群体在社会传承网络中占据核心地位。《保护非物质文化遗产公约》明确强调了社区参与的重要性，要求在非遗保护过程中充分尊重社区、群体和个人的主体地位和创造性表达权利。在社会实践、仪式、节庆活动类非遗中，社区群体的参与具有特殊的重要性，因为这类非遗本身就是社区集体文化实践的产物。

传承人群在社会传承网络中发挥着专业引领作用。要建立代表性传承人履行传习义务情况考评机制，实施动态管理，鼓励代表性传承

人参与高等院校的教学科研。教育机构在社会传承网络中承担着知识传播和人才培养的重要功能，通过实施非遗传承人群研修研习培训计划，利用学术和教学资源帮助传承人群。

文化机构在社会传承网络中发挥着专业服务和平台支撑作用。博物馆、文化馆、非遗保护中心等文化机构通过展览展示、研究阐释、教育普及等活动，为非遗传承提供了重要的平台和载体。社会组织和企业等市场主体在社会传承网络中发挥着创新驱动和资源整合作用，通过文化创意、旅游开发、产品设计等方式，为非遗传承注入新的活力。

多元主体协同的社会传承网络构建需要建立科学有效的协调机制。要明确各主体的角色定位和责任分工，建立有效的沟通协调机制，完善利益分配和激励约束机制。社会传承网络的可持续发展还需要注重能力建设和制度创新，加强各主体的能力建设，推进制度创新，为社会传承网络的有效运行提供制度保障。

传统的社会传承机制面临着深刻的挑战和变革，要求我们在保持文化本真性的基础上，积极探索适应时代发展需要的传承模式和机制。多元主体协同的社会传承网络构建是实现这类非遗有效传承的重要路径，需要通过科学的协调机制和制度安排，实现各主体的有效协同和良性互动。未来，社会实践、仪式、节庆活动类非遗的社会传承将在文旅融合的大背景下迎来新的发展机遇。如何在保护传承的基础上实现创新发展，如何在文化价值与经济价值之间找到平衡点，如何在全球化背景下彰显中华文化的独特魅力，需要在后续研究和实践中深入探索的重要问题。

第三章　文旅融合的产业逻辑与发展范式

第一节　文旅融合的产业边界与协同效应

随着文化和旅游部成立，文旅融合已然不再仅仅停留于理念层面，而是切实地迈向了实践领域，进而逐步成为国家战略当中极为重要的一部分内容。在“十四五”规划里，文化和旅游融合发展这一点是被明确无误地提出来的，其明确要求要“坚持以文化来塑造旅游、依靠旅游来彰显文化，推动文化和旅游达成更为深度的融合发展状态”。作为中华优秀传统文化极为重要的承载之物，非遗在文旅融合发展的整个过程当中，占据着独特且十分关键的地位。非遗资源和文旅产业倘若能实现有机且紧密的结合，那么一方面能够促使非遗达成活态的传承，并且获得创新式的发展；另一方面还能够为文旅产业充分注入深厚无比的文化内涵，最终形成独具特色的竞争优势。

一、文旅融合的产业边界界定

文旅融合是文化产业同旅游产业彼此间相互渗透并且交叉重组之后所形成的一种全新的产业形态，其产业边界有着动态性、模糊性以及开放性等诸多特点。要推动非遗保护和文旅融合实现协同发展，那么厘清文旅融合的产业边界便显得极为重要，这无疑是前提条件，也是基础所在。

文旅融合的概念内涵具备从简单叠加迈向深度融合的发展历程。起初的文旅融合，更多呈现的是文化和旅游的简单组合形式，也就是“文化+旅游”或者“旅游+文化”这样的形式，在此阶段，文化和旅游各自都保持着相对独立的产业属性。然而随着相关实践不断推进，文旅融合渐渐朝着深度融合的方向去发展了，其具体表现为文化和旅游在资源、市场、技术以及管理等诸多方面都有着全方位的交叉融合情况出现。

文旅融合所涉及的产业范畴以及其边界特征，大概可从三个不同方面体现出来：其一，在产业链条方面存在延伸以及重构的情况。文旅融合已然冲破了传统文化产业还有旅游产业原有的价值链条，进而形成了一条全新的产业链条，这条链条将创意、生产、传播以及消费等诸多环节都涵盖在内。其二，就产业要素而言，呈现出交叉与融合的态势。文旅融合推动着文化资源和旅游资源、文化市场同旅游市场、文化技术及旅游技术等各项产业要素相互间不断渗透，彼此交叉融合，由此便形成了全新的产业要素组合形式。其三，产业业态方面有着创新与拓展的表现。文旅融合孕育出了像文化旅游、创意旅游、体验旅游这类的新业态，同时也使得文化以及旅游这两方面的产业边界得到了进一步的拓展。

非遗资源于文旅融合当中有着独特的定位以及不容忽视的价值。其作为中华优秀传统文化极为重要的一部分，自身带有十分鲜明的地域特色，拥有颇为深厚的文化内涵，并且具备独特的艺术价值，从而为文旅融合给予了丰富多样的文化素材以及源源不断的创意源泉。在文旅融合这样的大背景之下，非遗资源所具有的价值重点体现在三个不同的方面：其一便是文化价值，非遗资源承载着数量众多的历史记忆以及文化基因，堪称是文化传承以及创新极为重要的载体；其二为经济价值，非遗资源借助与旅游产业相互融合的方式，能够转化成为实实在在的经济效益，进而推动地方经济不断向前发展；其三则是社会价值，对非遗资源加以保护并传承下去，对于增强文化自信而言是有帮助的，同时也有助于促进社会的和谐与稳定。

二、文旅融合的协同效应机制

文旅融合所呈现出的协同效应，具体指的是文化产业和旅游产业在彼此融合进程当中所产生的那种能够相互给予促进作用以及相互加以增强的整体效应，这一效应已然成为推动非遗保护工作同文旅融合协同向前发展的重要内在驱动力量。若要构建起一套既科学又行之有效的协同效应机制，那么这对于达成非遗保护和文旅融合之间的良性互动状态而言，无疑十分重要。

文旅融合的协同理论基础涵盖了系统协同理论、产业融合理论以及文化生态学理论。其中，系统协同理论着重于系统内部各个要素之间相互作用以及协调配合的情况，为文旅融合给予了系统思维层面的方法论方面的指导。产业融合理论把目光聚焦在不同产业之间的边界逐渐消融以及重新构建的状况上，为文旅融合提供了关于产业发展的理论方面的依据。文化生态学理论突出文化系统和环境系统相互作用

新中国第一面五星红旗诞生的地方、中国丝绸第一品牌——瑞蚨祥

以及实现平衡发展的方面，给非遗保护以及文旅融合赋予了从生态视角出发的理论方面的支撑。

文旅融合所呈现出的多维协同效应，重点体现在如下这四个层面：其一便是资源协同效应，将文化资源和旅游资源加以整合，并且做到优化配置，如此一来便形成了一种全新的资源优势。其二是市场协同效应，文化市场和旅游市场彼此间相互渗透，同时不断拓展自身，进而使得市场规模得以进一步扩大。其三为产业协同效应，文化产业和旅游产业互相之间起到促进作用，共同实现发展，由此提升了产业在市场中的竞争力。其四是区域协同效应，文旅融合这一举措有力地推动了区域经济社会朝着协调的方向发展，也进一步增强了区域整体所具备的竞争力。

非遗保护和文旅融合的互动机制属于复杂的系统工程范畴，涉及多个主体、不同层次以及诸多领域的协同合作。从主体方面来讲，政府、企业、社会组织还有社区居民等多元主体在非遗保护以及文旅融合当中各司其职，各不相同，这就需要建立起行之有效的协调机制。从层次方面来看，非遗保护和文旅融合涵盖了宏观政策层面、中观产业层面以及微观项目层面等诸多层次，有必要构建起系统的协同框架。从领域方面而言，非遗保护与文旅融合牵涉到文化领域、旅游领域、经济领域以及社会领域等多个领域，应当积极推动跨领域的协同创新。

三、文旅融合面临的挑战与对策建议

虽然我国文旅融合收获了颇为显著的成效，然而在实际的操作进程中依旧面临着不小的挑战，这就需要采取行之有效的举措来加以应对，从而推动非遗保护以及文旅融合朝着高质量的方向去发展。

在文旅融合发展的进程当中，所呈现出的主要问题以及面临的诸多挑战，大概可从四个方面来体现：其一，由于产业边界显得较为模糊，这就致使出现了管理方面的重重困境，具体而言，文化领域和旅游领域在行政管理方面、统计口径方面以及政策制定方面等，均存在着不同程度的不协调情况；其二，资源整合工作做得不够到位，进而形成了发展上的瓶颈，文化资源与旅游资源的整合程度一直提不上去，原本可以发挥出来的协同效应也未能得以充分展现；其三，创新能力有所欠缺，这就使得同质化的问题变得日益凸显，文旅融合产品在创新性以及差异性这两个层面都存在明显不足，其在市场当中的竞争力自然也就比较薄弱；其四，人才队伍构建方面存在明显短板，文旅融合专业人才极度匮乏，这一状况对产业实现高质量发展起到了明显的制约作用。

非遗保护和文旅融合在风险防范方面主要涉及四个层面：其一为文化风险，要避免非遗在商业开发进程里被过度简单化以及符号化处理，进而丧失掉自身所蕴含的文化内涵；其二属于生态风险，得防止旅游开发给非遗赖以存续发展的文化生态环境带来破坏影响；其三则是社会风险，需防范旅游开发引发社区出现分化情况以及文化认同危机等相关社会方面的诸多问题；其四是市场风险，得提防市场出现波动以及消费发生改变等诸多因素给非遗旅游产品形成冲击作用。

文旅融合的产业边界与协同效应方面的研究，构成了推动非遗保护以及文旅产业朝着高质量方向发展的关键理论根基。具体而言，通过明确界定文旅融合的产业边界，构建起协同效应机制，同时结合产业实践相关案例展开分析，并且针对所面临的各种挑战展开对策层面的研究，如此便能够给非遗保护和文旅融合的协同推进给予相应的理论指引以及实践方面的可行路径。在未来的发展进程中，需要进一步去深化文旅融合相关的理论研究工作，积极探索并创新文旅融合的不同发展模式，着力完善文旅融合领域的政策体系构建，切实优化文旅融合的产业生态环境，进而促使非遗保护以及文旅融合达成更高层次的质量、更高水平的效率、更为公正合理的状态以及更具持续性的良好发展态势。

第二节 沉浸式体验与场景化消费趋势

随着文旅融合战略不断向前推进，沉浸式体验以及场景化消费已然成为引领文旅产业实现创新发展的关键趋势，作为中华优秀传统文化极为重要的承载方式，非物质文化遗产在沉浸式体验以及场景化消费当中占据着独特且十分关键的位置。沉浸式体验着重于让游客有全身心投入其中的参与感受以及情感上的共鸣，而场景化消费则侧重于构建多元且立体的消费场景，这两者相互结合所产生的有机整体，给非遗保护以及活化利用开拓了全新的思路与途径。

一、沉浸式体验的理论基础与发展逻辑

（一）沉浸式体验的概念内涵与理论溯源

沉浸式体验是文旅消费者在消费进程中所获取的一种认知状态，在这种状态下，消费者会把所有精力都投入某个特定项目或者某项具体活动当中，对外界其他事物的存在视而不见，呈现出极为强烈的参与活动的状态。沉浸式体验属于体验经济的一种较为高级的形态，着重突出消费者的主动参与以及情感方面的投入，借助多感官的刺激以及对情境的营造，促使消费者产生“在场感”以及“临场感”，最终达成深度的心理层面的满足以及情感上的共鸣。

在非遗保护以及文旅融合这样的大背景之下，沉浸式体验愈加侧重于文化的传承以及创新方面。其会去营造具有参与性、互动性的体验场景，借此让游客可以不只是欣赏非遗所具备的艺术价值，而且能够充分理解其背后的文化内涵以及精神实质，进而达成非遗的活态传承以及创新发展目标。

（二）沉浸式体验的构成要素与形成机制

沉浸式体验的构成要素涵盖感官刺激、情感共鸣、认知参与、社交互动还有文化认同等诸多维度。感官刺激可算作沉浸式体验得以成立的根基所在，借助视觉、听觉、嗅觉、味觉以及触觉等多种感官相互协同发力的作用方式，从而给游客营造出一种仿佛置身于特定场景之中的真切感受。情感共鸣当属沉浸式体验极为关键的核心部分，凭借精心营造的情境以及巧妙触发的情感因素，进而唤起游客内心深处的情感波动并达成情感上的共鸣状态。认知参与着重突出游客自身主动去思考以及积极获取相关知识的特点，依靠解说环节、各类互动形式以及多样化的体验活动，推动游客对于非遗文化展开更为深入的理解与认知层面的提升。社交互动把关注点放在游客彼此之间以及游客同当地居民之间开展的交流互动方面，以此来强化体验所具有的社会属性以及游客的参与感受。文化认同是沉浸式体验所追求的深层次目标所在，通过让游客充分感受到文化的浸润以及实现价值层面的认同，促使游客对非遗文化油然而生出一份尊重之情并且愿意为之发扬下去。

沉浸式体验的形成机制可从个体心理、社会互动以及文化传承这三个层面来展开分析。就个体心理层面而言，沉浸式体验的形成是依据“感知—情感—认知—行为”这样的心理流程来的。游客借助自身的感官去感知，从而获取到初步的印象，进而产生相应的情感反应，之后再经过认知方面的加工处理，最后才形成具体的行为意向以及实际的行为表现。从社会互动层面来讲，沉浸式体验的形成会受到社会环境、群体氛围还有互动质量等方面的影响。若能有良好的社交互动，那么就能进一步增强体验所具备的深度以及广度。而在文化传承层面，沉浸式体验的形成和文化认同以及价值共创有着极为密切的关联。通过实施文化方面的浸润以及价值的共享举措，能够有力地推动非遗文化的传承工作以及创新进程。

（三）沉浸式体验在文旅融合中的发展演进

沉浸式体验于文旅融合范畴内所经历的发展历程颇为丰富，其由单一感官体验逐步迈向多感官协同体验，从单纯的被动观赏体验逐渐转变为积极主动参与体验，由标准化体验慢慢发展成个性化体验，还从实体空间体验过渡到了虚实融合体验，整个演进进程充分体现出文旅消费需求正持续升级，并且文旅产业供给侧改革也在不断深化。

在初期的时候，沉浸式体验主要是以景区景点所呈现出来的观光体验以及文化表演带来的观赏体验这两种形式表现出来的，在此期间，游客大多是以被动接受的状态为主，所以其体验在深度以及广度方面都是存在限制的。随着体验经济开始兴起并且文旅融合不断推进，沉浸式体验渐渐朝着主题化、情境化还有互动化的方向去发展了，像主题公园、文化街区、特色小镇这类新型文旅业态也就随之出现了，而游客的参与程度以及体验感受也有了较为明显的提高。近些年来，伴随着数字技术快速的发展并得到广泛应用，沉浸式体验步入了数字化、智能化以及虚实融合这样一个全新的阶段，VR/AR、全息投影、数字艺术等技术在其中的应用，给沉浸式体验赋予了新的可能性，并且开拓出了更多的想象空间。

二、场景化消费的趋势与机制

（一）场景化消费的概念界定与特征分析

场景化消费是一种消费模式，它把特定场景当作载体，借助情境营造、故事叙事以及体验设计等方式，来满足消费者的情感方面的需求以及价值方面的追求。就文旅领域来讲，场景化消费着重于通过构建有着文化内涵并且能够引发情感共鸣的消费场景，以此提升游客的体验感与满足感，达成文化价值和经济价值的双重创造目的。

在非遗保护以及文旅融合这样的大背景之下，场景化消费对于文化的传承与创新给予了更多的关注。其会着力去构建带有非遗文化特色的一些消费场景，以此让游客在开展消费活动的过程当中，能够真切地感受到非遗所散发出来的魅力，进而也能够对非遗的价值有所理解，最终推动非遗更好地得到保护与传承。

（二）场景化消费的驱动因素与发展趋势

场景化消费的兴起与发展是由诸多因素推动的，其中囊括了消费需求的升级、文化自信的提升、技术创新的应用以及政策方面的支持引导等方面。就消费需求来讲，随着人们物质生活水准的逐步提高以及精神文化需求的不断增长，消费者已经不再仅仅满足于简单的商品与服务消费，而是开始追求那种更为丰富、更具深度且更有意义的消费体验。从文化自信的角度来看，伴随国家文化软实力的不断提升以及文化自信的持续增强，人们对传统文化以及非遗文化所具有的认同感与自豪感也在不断地提高，对于那些有着文化内涵以及民族特色的

消费者在餐饮消费中接触到朝鲜族非遗

消费场景的需求更是呈现出日益增长的态势。从技术创新方面来讲，数字技术、智能技术还有沉浸式技术都在快速地发展并且得到了广泛应用，这无疑为场景化消费给予了全新的技术支持，并且带来了创新的可能性。从政策支持方面来讲，国家以及地方政府相继出台了一系列旨在支持文旅融合、非遗保护以及文化消费的政策措施，从而为场景化消费的发展营造出了一种良好的政策环境。

场景化消费的发展趋势体现于如下方面：其一，从单一场景迈向多元场景，借助整合各类消费场景以及体验元素，构建起丰富多样的消费生态；其二，从物理场景走向虚实融合场景，凭借数字技术与虚拟现实技术，冲破时空方面的限制，营造出沉浸式的消费体验；其三，从标准化场景转向个性化场景，依据消费者的实际需求与个人偏好，给予定制化且有差异化特点的消费场景；其四，从静态场景变为动态场景，依靠情境的变化、故事的演绎以及互动体验等方式，让消费场景具备动态性并充满生机活力；其五，从商业场景过渡到文化场景，通过融入文化元素以及价值理念，提高消费场景所蕴含的文化内涵以及精神层面的价值。

（三）文旅场景理论的内涵与逻辑构建

文旅场景理论是基于场景理论不断发展而来的一种理论体系，其主要目的在于对文旅融合发展加以解释并给予相应指导，属于文旅融合发展的理论框架范畴。该理论重点涵盖如下这四个方面：其一，具象的物质构成了文旅场景得以存在的关键基础，像自然景观、人文景观以及建筑设施这类物质载体都包含在内；其二，文旅场景里面蕴含着独特的文化价值内涵，借助文化元素的融入以及创意性的表达方式，能够赋予场景颇为深厚的文化底蕴；其三，文化价值观在文旅场景当中属于核心的构成部分，依靠价值理念的传递与共享行为，可让场景的精神内涵得以增强，并且促使产生情感共鸣；其四，文旅场景的构建已然成为文旅融合发展的强大动力来源，凭借场景方面的创新举措以及体验层面的升级操作，推动文旅产业实现转型升级，达成高质量发展态势。

凭借“地方原生性”“符号感知性”以及“价值表达性”这三个维度相互间的作用才形成了文旅场景的理论逻辑。其中，地方原生性着重于场景所具备的地域特色还有其文化根基方面的情况；符号感知性把关注点放在了场景的符号表达以及给人带来的感官体验之上；价值表达性则着眼于场景在价值传递方面的状况以及能否引发人们的情感共鸣。这三个维度彼此之间存在着作用关系，相互间也会产生影响，最终共同构建起了文旅场景的理论逻辑框架。

三、非遗与文旅融合中的沉浸式场景实践

（一）非遗沉浸式体验的类型与模式创新

非遗沉浸式体验依据其内容以及形式方面的不同情况，大致能够划分成观赏型、参与型、学习型还有创新型这四种不同的类型。观赏型体验主要是借助视觉、听觉等这类感官所给予的刺激，从而使得游客能够去欣赏非遗所呈现出的艺术表现形式，就好比非遗表演、非遗展览这类情形。参与型体验着重于游客自身的亲身参与以及与之相关的互动体验方面，像是非遗制作方面的体验、参与非遗文化活动等这类情况。学习型体验把关注点放在了知识的传授以及技能的学习之上，例如非遗传承人所开展的讲座、针对非遗工艺展开的培训等活动。而创新型体验是在充分尊重传统的基础上，凭借创新的设计理念以及跨领域的融合方式，进而创造出全新的非遗体验形式，比如非遗文创产品的设计工作、非遗数字体验等相关内容。

（二）数字技术赋能下的非遗沉浸式场景构建

数字技术在不断地快速发展并且广泛应用于各个领域，这无疑给

非遗沉浸式场景的构建开拓出了全新的可能性，同时也赋予了其更为广阔的想象空间。借助5G、AI、VR/AR、全息投影以及数字艺术等一系列技术的应用，能够成功突破时空方面的种种限制，进而打造出具有沉浸式特点的非遗体验空间，以此来进一步提升非遗所具有的表现力以及感染力。

在非遗沉浸式场景构建里，数字技术主要起到如下作用：其一，借助数字化展示技术，像3D建模、全息投影、数字沙盘这类技术，可提升非遗的视觉呈现效果以及空间感觉；其二，凭借交互技术，比如体感交互、手势识别、语音识别等，能强化游客的参与感受与互动特性；其三，运用虚拟现实和增强现实技术，能够营造出沉浸式的非遗体验场所，使游客仿佛置身其中去感受非遗所具有的魅力；其四，依靠社交媒体、直播平台、数字营销等技术手段，可拓展非遗的传播范围并提升其影响力；其五，利用数字采集、数字修复、数字档案等相关技术，达成非遗的数字化保护与传承目标。

四、沉浸式体验与场景化消费面临的挑战与对策建议

（一）沉浸式体验与场景化消费面临的主要挑战

沉浸式体验以及场景化消费在非遗保护与文旅融合进程里，面临着诸多挑战。一方面存在文化真实性与商业化相平衡的难题，过度商业化会使得非遗文化变得简单、符号化且仅停留在表面，丧失原有的文化内涵与精神价值。另一方面技术应用和人文关怀的协调存在问题，过度依靠技术会让非遗体验变得机械化、标准化，忽略了人文关怀以及情感交流的重要意义。再者创新发展与传统保护之间有张力，追求创新与发展时，怎样维持非遗的传统特色与文化根基，是需要仔细斟酌的。还有市场需求与文化供给是否匹配、专业人才和技术支持不够、政策支持与市场机制能否协调等问题也都存在。

在实际的操作过程中，这些挑战常常是彼此纠缠在一起且相互产

生影响的，所以得要全面综合地去考量，并且采取系统的办法来加以应对。就好比说，在开展非遗沉浸式体验的设计工作时，怎样才能既充分满足游客对于娱乐方面的需求，同时又能将非遗所蕴含的文化内涵有效地传递出去；怎样才能一边运用先进的技术手段来促使体验效果得以提升，另一边又能够维持住非遗原本所具有的传统特色以及人文方面的关怀；又怎样才能一方面积极推动非遗实现创新性的发展，另一方面又切实尊重并妥善保护它所拥有的传统价值以及文化根基，这些可都是需要花费大量心思去深入思索一番并且展开积极探索才能够解答清楚的问题。

（二）非遗沉浸式体验的真实性与商业化平衡

非遗沉浸式体验所涉及的真实性与商业化平衡问题，无疑是一个复杂且颇为敏感的话题。就非遗而言，它作为文化遗产，其真实性以及完整性无疑是其价值的关键核心所在，理应获得相应的尊重并受到妥善地保护。然而非遗的活态传承以及创新发展，又离不开市场的有力支持以及商业的有效运作，所以说适度的商业化是有必要的。如何在充分保持非遗真实性的基础之上，达成适度的商业化发展，这正是非遗沉浸式体验当下所面临的极为重要的挑战所在。

在实际操作当中，能够借助如下几种途径达成非遗沉浸式体验真实性与商业化的平衡状态：其一，秉持“以文塑旅、以旅彰文”这一准则，把非遗所蕴含的文化价值以及精神内涵当作沉浸式体验设计的关键核心所在，防止出现单纯片面的商业化以及娱乐化倾向；其二，着重关注非遗传承人参与到其中并给予相应指导，凭借传承人所具备的专业知识与技能，切实保障非遗呈现出来的真实程度以及准确无误的程度；其三，运用分层次且有差异性的体验设计方式，依据不同需求以及不同层次的游客情况，给予不同深度以及广度的非遗体验内容，既能满足普通大众游客的基本需求，又能为那些寻求深度体验的游客提供更为专业的体验项目；其四，构建起非遗保护与开发相互协调的机制，通过制定保护的具体标准、开发的相关规范以及评估的完整体系，以此来保证非遗开发具备科学合理的特点以及可持续发展的特性；其五，积极推动非遗实现创新传承以及价值转化，借助创意设计手段、跨界融合方式以及数字应用技术，赋予非遗全新的时代内涵以及崭新的表现形式，达成传统元素与现代要素的有机融合统一。

（三）推动非遗沉浸式体验与场景化消费高质量发展的路径选择

推动非遗沉浸式体验以及场景化消费实现高质量发展，须从理念创新、模式创新、技术创新还有机制创新等诸多方面展开探索并付诸实践。

在模式创新这块，得去探索多元且有差异的非遗沉浸式体验模式，像主题化模式、情境化模式、互动化模式、数字化模式以及生活化模式等，依据不同非遗类型以及游客需求来设计个性且具特色的体验产品与服务，而且要推动非遗和文创、教育、健康等领域跨界融合，以此拓展非遗的应用场景与价值空间。

在技术创新这块，须强化数字技术于非遗沉浸式体验当中的运用以及创新举措，像VR/AR、全息投影、数字艺术、人工智能这类技术，以此来提高非遗所具有的表现力以及感染力，打造出非遗体验空间。与此还得重视技术同文化之间的有机结合，防止技术应用出现简单化以及表面化的情况，从而保证技术能够切实服务于文化表达以及情感传递。

在机制创新这块，须构建起由政府加以引导、依靠市场来运作并且让社会能够参与进来的协同机制，借助政策方面的支持、市场层面的激励以及社会所给予的参与，进而营造出多元主体一同参与到其中的非遗保护与开发的格局。与此还得建立起非遗保护与开发的协调机制，通过制定保护的相关标准、开发的相应规范以及评估的配套体系，以此来保障非遗开发具备科学性并能达成可持续性。除此之外，还应当建立起利益共享以及风险分担的机制，凭借对利益和风险做出合理的分配，实现良性的互动状态。

沉浸式体验以及场景化消费属于文旅融合发展的关键趋向，其给非遗保护及活化利用开拓出了全新的思路与途径。借助构建沉浸式的非遗体验场景这一方式，既能提升游客所拥有的体验感与满足感，同时也有助于推动非遗达成活态传承，并且促使其创新发展，进而实现文化价值和经济价值二者皆可创造的良好局面。

随着数字技术不断发展并得到广泛应用，人们对于文化体验以及精神消费的需求也在持续增长，在这样的背景下，沉浸式体验与场景化消费在非遗保护以及文旅融合方面将会发挥出更为重要的作用。借助理念方面的创新、模式方面的创新、技术方面的创新以及机制方面的创新，去推动非遗沉浸式体验与场景化消费实现高质量发展，这会给非遗保护与文旅融合的协同发展给予新的动力来源以及有力的支撑。

第三节　非遗旅游的可持续发展路径

随着文化和旅游不断走向深度融合，非物质文化遗产（简称“非遗”）和旅游相结合，已然成为保护以及传承非遗极为重要的途径。非遗旅游属于文旅融合的一种典型形式，它一方面可达成非遗的活态传承并推动创新发展，另一方面能赋予旅游产业丰富且深厚的文化内涵，进而形成独具特色的竞争优势。在实际发展进程中，非遗旅游遭遇着诸如商业化倾向与文化本真性保护之间的矛盾、传承人出现断代情况且人才极度紧缺的困境，以及资源整合不够充分等诸多问题，这些问题对非遗旅游的可持续发展形成了制约。旅游产品开发是开拓非物质文化遗产市场的一种重要手段，然而当下非遗旅游产品市场存在着不少问题，非遗传统手工艺旅游开发更是深陷于一种单一依靠旅游购物来进行开发的模式困境之中。怎样做到在保护的过程中去开展开发工作，在开发的过程当中又切实加以保护，以此实现非遗旅游的可持续发展，这已经成为学界与业界共同聚焦的一个重要议题。

一、非遗旅游可持续发展的理论基础

非遗旅游可持续发展指的是在保护非遗文化的真实性、完整性以及传承性的前提之下，借助旅游开发与利用的方式，达成非遗文化、生态环境以及社会经济协调发展的一种进程。它着重于在满足当代人旅游需求之时，不会对后代人满足其需求的能力造成损害，进而追求文化传承、环境保护以及经济效益的长期均衡。其核心内涵就在于“可持续性”，也就是非遗旅游活动可在文化、环境、社会以及经济这四个维度上维持长期稳定且良性的发展态势。

非遗旅游可持续发展呈现出几个较为突出的特征：其一，有文化主导这一特性，非遗文化对于旅游活动而言，是核心的吸引物以及灵魂所在，所以旅游开发务必要把尊重并保护非遗文化当作前提条件来遵循；其二，存在社区参与这样的特点，非遗的传承主体其实就是社区居民以及传承人，他们若能积极且广泛地参与到其中，这便成为可持续发展极为关键的一个方面；其三，具备环境友好这一属性，旅游活动应当尽最大努力去减少自身给当地自然以及文化生态环境所带来的负面作用；其四，有经济适度这个特点，要追求一种合理的经济效益，不过得避免过度商业化的做法对非遗文化形成冲击；其五，存在动态平衡这一特性，在文化保护、经济发展、社会公平以及环境保护这些方面之间，要去探寻一种动态的平衡状态。

二、非遗旅游的可持续发展机制

（一）非遗旅游可持续发展的核心要素与运行逻辑

非遗旅游可持续发展得以实现，有赖于诸多核心要素加以有效整合，并且能够开展良性互动。这些核心要素囊括了非遗资源本体、传承与保护体系、旅游市场需求、产业支撑体系还有政策法规环境这几个方面。非遗资源本体属于基础层面的存在，其具备的独特性、真实性以及所具有的吸引力，构成了旅游开发得以展开的前提条件。传承与保护体系起到的是保障作用，可确保非遗在旅游开发进程当中不会出现被异化或者遭到破坏的情况。旅游市场需求充当着导向的角色，它决定了非遗旅游产品具体的开发方向以及所具备的市场潜力。产业支撑体系则是承载的主体，这里面包含了像交通、住宿、餐饮、导览、文创等一系列配套服务内容。政策法规环境属于外部的约束以及激励因素，能为可持续发展给予制度层面的保障。

这些核心要素的运行逻辑呈现出一个动态的循环系统。一开始，要针对非遗资源展开科学的评估工作，并制定相应的保护规划，以此来清晰明确其在旅游利用方面所具有的潜力以及界限所在之处。接着，依据市场需求状况以及资源自身所具备的禀赋情况，去开发那些有着丰富文化内涵并且具备体验价值的旅游产品。着手构建起较为完善的产业支撑体系，进而提升旅游服务的质量水平，提高游客的满意度程度。与此还要健全完善传承与保护的相关机制，从而确保非遗文化能够实现活态的传承状态。借助有效的政策引导手段以及法规方面的约束举措，对市场秩序加以规范，对各方的利益进行协调，以此来保障可持续发展的目标得以顺利实现。在这整个循环系统当中，信息反馈以及动态调整这两方面显得格外重要，必须结合市场所发生的各种变化、保护工作的实际需求以及环境所能承受的力度等情况，持续不断地对发展策略做出优化调整。

（二）非遗旅游可持续发展的多元主体协同机制

非遗旅游可持续发展牵涉到政府、社区、企业、传承人、游客以及研究机构等诸多主体的参与互动，构建起行之有效的多元主体协同机制，对于达成可持续发展的目标而言，无疑是极为关键的。

构建起行之有效的协同机制，这就要求清晰明确各个主体所对应的权责利关系，同时要着力去搭建起能够确保沟通顺畅无阻的渠道以及可供开展协商的平台，进而形成一个能够实现信息共享、风险共同承担以及利益共享的合作模式。

（三）非遗旅游可持续发展的资源整合与价值转化

非遗旅游若想实现可持续发展，那离不开对非遗资源展开有效的整合以及将其转化为相应的价值。这里所说的资源整合，其实就是把那些处于分散状态的、单一存在的非遗项目同与之相关的各类文化资源、自然资源还有旅游要素等紧密地结合起来，进而构建起一种具备综合吸引力的旅游产品体系。

资源整合可从不同层面开展。就项目层面来讲，能够把同一区域里的多个非遗项目加以整合，进而形成主题旅游线路或者集聚区。从产业层面来看，可以把非遗同旅游、文化创意、教育研学以及康养休闲等相关产业相互融合起来，以此来拓展非遗的应用场景以及价值链条。在区域层面而言，可以突破行政区划方面的限制，去整合跨区域的同类或者是互补性的非遗资源，进而打造出具有区域特色的非遗旅游品牌。

价值转化指的是把非遗所蕴含的文化价值、历史价值以及艺术价值等，借助旅游产品的设计以及体验的营造方式，转变成游客能够感知到、可以去体验并且能够进行消费的那种价值，进而达成经济价值与社会价值的实现。价值转化的重点就在于创意设计以及体验营造这两个方面。需要充分挖掘非遗所具有的文化内涵以及其故事性，运用现代的设计理念还有技术方面的手段，把它转化成为有着吸引力的旅游产品、文创商品、演艺节目以及体验活动等形式。同时还要重视营造出独特的文化氛围以及相关场景，以此来提升游客的参与感受、互动性以及情感上的共鸣状态。

借助品牌化这一方式，能够有效提升“非遗”的认知度，同时让其附加值得以提高；凭借集聚化这种方式，可以达成规模效应，进而促使产业联动起来；而依靠旅游化这种途径，则可以拓展市场的渠道，并且能让传播的范围变得更为广泛。这些都是实现非遗资源整合以及价值转化的有效办法。成功地完成价值转化，不但能够获取经济方面的收益，而且还能反过来助力非遗保护工作，进一步增强文化自信，最终形成可持续发展的良好循环状态。

三、非遗旅游可持续发展面临的挑战与对策建议

（一）非遗旅游可持续发展面临的主要挑战

虽然非遗旅游在发展过程中收获了一定成果，然而其可持续发展依旧面临着不少挑战。文化保护和商业开发之间的矛盾仍旧十分明显，在一些地区，由于过度看重经济效益，使得非遗文化出现了被过度简化、异化至“伪造”的情况，对真实性及完整性造成了损害。传承人出现断代且人才短缺的问题相当严峻，老一辈传承人年纪已经偏大，年轻一代的传承意愿却并不强烈，并且既了解非遗又懂得旅游经营管理的复合型人才极为匮乏。

社区参与程度不够且惠益分配存在不公平现象，部分旅游开发项目没有充分尊重社区的意愿，社区居民在决策以及管理方面的话语权较为有限，惠益分享机制也不够健全，如此便使社区的支持度不高。除此之外，旅游产品呈现出严重的同质化现象，缺乏特色与创新，基础设施以及配套服务也不够完善，市场监管工作落实不到位，还存在着欺诈宰客等不良现象，同时缺少科学的评估与监测机制等，制约着非遗旅游的可持续发展。

（二）非遗旅游可持续发展的路径优化

面对挑战，推动非遗旅游可持续发展，得优化发展路径。保护优先，科学规划。在旅游开发前，要深入调查评估非遗资源，制定保护规划，明确保护范围、内容和要求，划定开发红线，让旅游规划和保护规划紧密衔接，保证开发活动不损害非遗本体及其生存环境。强化社区赋权，实现惠益共享。健全社区参与机制，保障社区居民在非遗旅游发展中的知情权、参与权、决策权和监督权，完善惠益分享机制，让社区居民从旅游发展中公平受益，激发社区保护传承的内在动力。推动产品创新，提升品质。深入挖掘非遗的文化内涵和特色，加强创意设计，开发多元化、个性化、高品质的旅游产品和体验项目，鼓励运用数字技术等现代科技手段，提升非遗的展示水平和吸引力，但要防止技术滥用。然后，培育复合人才，加强传承。建立多层次的非遗传承人培养体系，加大扶持力度，加强非遗教育和职业培训，培养既懂非遗文化又懂旅游经营管理的复合型人才。完善市场监管，规范秩序。加大市场监管力度，打击虚假宣传、欺诈宰客等违法违规行为，健全旅游服务标准和评价体系，提升服务质量，建立游客反馈和投诉处理机制，维护游客合法权益。

（三）非遗旅游可持续发展的政策支持与保障体系

推动非遗旅游可持续发展，离不开强有力的政策支持以及完善的保障体系。需要完善法律法规体系，加快推进非物质文化遗产保护法的修订和完善工作，制定非遗旅游发展的专项法规或者管理办法，明确各方主体的权利义务，以此为可持续发展提供法律方面的保障；要加大财政投入和金融支持力度，设立非遗保护与旅游发展专项资金，增加对非遗保护、传承人培养、基础设施建设、产品研发等方面的投入力度，创新金融支持的方式，鼓励社会资本参与非遗旅游开发，拓展融资的渠道。还要优化税收优惠政策，对于从事非遗保护传承、开发非遗旅游产品和服务的企业、组织以及个人，给予适当的税收减免或者优惠，降低其经营成本，激发其积极性，调整财政扶持的方向，避免“大而全”的激励方式，把支持的重点向研发设计、品牌打造、市场推广等关键环节倾斜。加强知识产权保护，建立健全非遗知识产权保护体系，明确非遗项目的权属，严厉打击侵权盗版行为，维护传承人和相关权利人的合法权益。建立监测评估机制，构建非遗旅游可持续发展监测评估指标体系和工作机制，定期对非遗资源状况、旅游发展影响、社区惠益等方面进行监测和评估，及时发现存在的问题，调整优化政策措施，确保可持续发展目标得以实现。

非遗旅游是连接文化遗产保护以及旅游产业发展的极为重要的一座桥梁，其可持续发展对于达成非遗的活态传承以及文旅产业的高质量发展有着不容忽视的重要意义。要探寻非遗旅游的可持续发展路径，就得在充分尊重非遗文化所具有的本真性、切实保障传承人与社区的各项权益、用心维护生态环境这样的前提之下，去努力寻求文化保护、社会公平、经济发展还有环境保护之间的那种动态平衡状态。

对非遗旅游可持续发展的理论基础展开探讨，同时对其发展机制予以分析，考察典型案例，并且深入研究挑战对策，能够发现，达成可持续发展这一目标，需要具备系统性思维以及从多个维度付出努力的。而这不仅要求政府、社区、企业、传承人、游客等众多不同主体展开协同合作，构建起行之有效的沟通、协商以及利益共享方面的机制，而且要在资源整合、价值转化、产品创新、人才培养、政策保障等诸多方面不断持续地投入精力。未来的非遗旅游在发展过程中，应当更为着重于对文化内涵加以深度挖掘以及促使品质得以提升，要更加突出社区赋权以及惠益共享的相关事宜，还要更为留心科技赋能以及模式创新等方面的情况，进而走出一条契合中国实际国情、充分彰显文化自信的非遗旅游可持续发展之路，使得古老的非遗能够在现代旅游所提供的助力之下焕发出全新的生机与活力。

第四节　文旅IP开发与品牌策略体系

随着文化以及旅游不断走向深度融合，文旅IP的开发还有品牌建设已然变成推动非遗保护以及文旅产业实现高质量发展的关键途径。文旅IP是文化资源和旅游产业相互连接的关键点，其不但可激活传统文化资源，而且能给旅游目的地赋予持续不断的吸引力以及竞争力。在非遗保护与文旅融合这样的大背景之下，怎样科学地去开发文旅IP，构建起系统化的品牌策略体系，达成非遗资源的创造性转化以及创新性发展，这已经变成了理论研究方面以及实践探索领域极为重要的课题。

一、文旅IP的概念内涵与价值功能

（一）文旅IP的概念界定与特征

文旅IP，是处于文化和旅游相融合这样的背景之下，有着独特文化内涵以及具备市场价值，并且可以实现持续开发并且有多元衍生特点的知识产权综合体。它一方面包含了文化IP所具有的精神内核以及创意表达形式，另一方面还融入了旅游体验以及场景营造方面的诸多要素，这无疑是文化资源同旅游产业相互深度融合之后所产生的产物。文旅IP最为关键之处就在于其自身所具有的独特文化基因以及较强的故事性，借助系统化开展的开发以及运营工作，进而形成能够被人清晰识别、广泛传播并且可以实现商业变现的品牌资产。

文旅IP有如下一些突出的特点：其一，它具备文化性，文旅IP把优秀传统文化、地域文化或者当代文化创意当作核心内容，有着深厚的文化底蕴以及精神内涵；其二，它有故事性，文旅IP常常围绕特定的故事、人物、场景或者主题来展开，存在完整的叙事结构并且能够

引发情感共鸣；其三，它有识别性，文旅IP有着独特的视觉符号、听觉元素或者行为模式，容易被人识别且便于记忆；其四，它具备衍生性，文旅IP可以在多种媒介与形式当中延伸拓展，进而形成丰富多样的产品和服务体系；其五，它有体验性，文旅IP着重于游客的沉浸式体验以及情感参与，十分重视场景的营造还有互动的设计；其六，它有商业性，文旅IP有着较强的市场价值以及商业潜力，可以转化为经济效益。

在非遗保护以及文旅融合这样的大背景之下，非遗文旅IP其实就是指把非物质文化遗产当作核心资源，借助创意设计以及品牌运营等方面的操作，进而打造出带有市场竞争力并且具备可持续发展能力的文旅产品与服务体系。它既保留了非遗的文化本真性和传承性，又赋予了其现代表达和市场活力，是非遗保护与文旅融合的重要载体[12]。

（二）文旅IP的价值功能与意义

文旅IP的价值功能主要呈现于文化传承、产业发展以及品牌建设这三个不同维度。就文化传承来讲，文旅IP借助创意表达以及场景再现的方式，让传统文化还有非遗资源重新焕发出全新的生命力，进一步强化公众对于文化遗产的认知程度以及认同感，推动文化得以更好地传承并实现创新。从产业发展这个层面来看，文旅IP可以对文化和旅游资源加以整合，将产业链条予以延伸，同时拓展商业模式，提高产品以及服务所具有的附加值，从而带动相关产业协同向前发展。而在品牌建设方面，文旅IP能够塑造出鲜明的形象以及独特的定位，增强目的地或者企业在市场当中的竞争力以及影响力，进而形成具有持久性的品牌资产。

文旅IP开发对于非遗保护以及文旅融合而言，有着不容小觑的重要意义。借助IP化的运作方式，促使非遗从单纯的“静态保护”状态逐步迈向“动态传承”的全新阶段，进而达成文化价值与经济价值的双双提升目标。它也为文旅融合搭建起了行之有效的连接点以及承载平台，使得文化内容能够和旅游体验紧密且充分地融合在一块儿，由此形成颇具特色的竞争优势。文旅IP开发还为非遗传承人以及所在社区开辟了一条可持续性的发展道路，让他们通过参与到IP开发以及后续的运营工作当中，从而获取到相应的经济收益以及发展契机，以此来进一步增强传承的动力。它还为游客创造了能够进行深度体验并且引发情感共鸣的良好机会，借助那种沉浸式的文化体验形式，切实增强游客对于非遗的认知程度以及尊重意识，形成深厚的文化认同感和自信力。

二、文旅 IP 开发的理论基础与模式

（一）文旅 IP 开发的理论支撑

文旅IP国家级非物质文化遗产——景泰蓝制作生产性保护示范基地

文旅IP开发所依据的理论基础涵盖了文化创意产业理论、体验经济理论、品牌价值链理论以及IP运营理论等诸多方面。文化创意产业理论着重指出文化资源需经由创意转化并借助产业化运作来加以呈现，这一理论给文旅IP开发给予了基本的思路方向与相应的方法论支撑。体验经济理论秉持这样的观点，即随着经济社会不断向前发展，消费者对于体验以及情感方面的满足变得日益看重起来，而这恰恰为文旅IP开展场景化以及体验化的设计工作提供了相应的理论层面的依据。品牌价值链理论将目光聚焦在品牌资产的构建过程以及价值实现的整个流程之上，其为文旅IP实施品牌化运营赋予了较为系统的框架体系。

在这些理论的指导之下，文旅IP开发已然形成了一套较为系统的办法以及实践途径。其一是资源评估与选择环节，具体而言就是针对文化和旅游资源展开系统的整理工作，并且对其价值加以评估，从中挑选出那些具备IP潜质的核心资源。其二是创意设计与开发方面，也就是把选定的资源进行创意方面的转化处理，同时做好故事的包装事宜，进而形成有着一定吸引力以及传播力的IP内容。其三是场景构建与体验设计部分，主要是围绕着IP内容去营造出沉浸式的场景，另外还要精心设计互动体验，以此来强化游客的参与感受以及情感上的共鸣。其四是品牌运营与多元衍生层面，即借助系统的品牌管理举措以及多渠道的商业开发方式，达成IP价值的最大化实现。

（二）文旅IP开发的主要模式

文旅IP开发存在多种多样的模式，依据资源类型、开发主体以及运营方式方面存在的不同情况，大致能够归纳出如下几种典型的模式：

（1）历史文化型IP开发模式。此模式把历史人物、事件、遗址或者非物质文化遗产当作核心资源，借助创意设计以及场景再现的方式，把历史文化元素转变成带有现代表达并且具备市场吸引力的文旅IP。就好比围绕着敦煌莫高窟所打造的“敦煌”IP，其借助数字技术还有艺术创作手段，把敦煌壁画以及飞天形象转化为系列文创产品、演艺节目以及旅游体验，进而形成了一套完整的IP体系。

（2）地域文化型IP开发模式。此模式把特定地域的文化符号、民俗风情或者自然景观当作核心资源，借助品牌化运作以及体验设计的方式，把地域特色转变成独具特色的文旅IP。就像以丽江古城作为核心的“丽江”IP，通过整合纳西文化、古城风貌还有民族音乐等诸多元素，打造出了带有明显地域特色的文旅品牌。

（3）创意主题型IP开发模式。该模式把原创故事、虚拟角色或者主题概念当作核心内容，借助创意设计以及场景营造等方式，打造出全新的文旅体验。就好比以“熊猫”作为主题的成都大熊猫基地，其凭借熊猫形象展开IP化运作，进而开发出一系列文创产品、主题活动以及旅游线路，形成独特的文旅品牌。

（4）跨界融合型IP开发模式。此模式借助不同领域以及不同形式的文化资源展开跨界融合的操作，进而打造出全新的文旅IP以及不一样的体验方式。就好比把传统戏曲同现代舞台技术相互结合起来所形成的“印象”系列演艺，其凭借跨界方面的创新举措，成功地把地方文化转变成了有着艺术感染力并且具备市场吸引力的文旅IP。

在非遗保护以及文旅融合这样的大背景之下，非遗文旅IP的开发模式会着重去关注文化本真性与传承创新二者之间的平衡关系。其一，得充分尊重非遗所蕴含的文化内涵还有它本身的传统形式，进而维持住它的核心价值以及内在的精神实质；其二，需借助现代的设计理念以及相应的技术手段，给予非遗全新的表达形式以及传播途径，以此来强化它在市场方面的活力以及后续的发展潜力。而这种所谓的“守正创新”开发理念，恰恰是非遗文旅IP能够实现可持续发展的极为关键的因素。

三、文旅品牌策略体系的构建路径

（一）文旅品牌的战略定位与核心价值

文旅品牌战略定位是品牌策略体系当中的根基所在，更是其核心关键之处，此定位实际上决定了品牌于市场当中所处的位置以及所拥有的竞争优势。科学合理的战略定位务必要依据针对市场环境、消费需求、竞争格局以及自身资源展开的系统性分析来确定，唯有如此才能精准地找到品牌的差异化优势以及价值主张所在。在对非遗文旅品牌进行定位的时候，尤其需要重视对文化特色以及体验价值的挖掘工作，要把文化内涵当作核心竞争力来培育，从而防止陷入同质化竞争的泥潭之中。

品牌定位以及核心价值的确立工作，得借助系统的市场调研与战略分析来开展，要综合运用SWOT分析、STP策略还有品牌资产评估等方法，精准地确定品牌在市场中的空间位置以及其价值主张。因此还得充分考量品牌长期的发展走向以及可持续性状况，防止出现短期行为以及功利主义方面的倾向。

（二）文旅品牌的视觉系统与传播策略

文旅品牌的视觉系统属于品牌形象的一种直观呈现形式，其中囊括了品牌标识、色彩系统、字体设计、图形元素以及包装设计等诸多方面。优秀的视觉系统应当具备识别性、一致性、美观性以及适应性等特性，可精准地传递出品牌所蕴含的核心价值与个性特点。就非遗文旅品牌的视觉设计来讲，需着重关注对传统文化元素加以提取并进行创新性的运用，一方面要留存文化符号原本的真实性，另一方面还要赋予其现代设计方面的语言表达以及审美呈现方式。

非遗文创品牌的视觉系统设计相关研究显示，从非遗当中提取设计元素并将其凝聚成统一的视觉符号或者形象，然后把这些成果应用到文创系统的开发工作之中，这无疑是一种能够促使非遗元素达成从无到有的创造性转化进而实现经济效益的有效办法。这样的视觉系统一方面可强化品牌自身的识别度以及整体的美感呈现，另一方面还能够在无形之中传递出深厚的文化内涵以及丰富的情感价值，从而进一步提升消费者对于该品牌所蕴含文化的认同程度，并且增进他们对品牌的忠诚度。

（三）文旅品牌的产品体系与服务设计

文旅品牌所构建的产品体系，是品牌价值得以呈现的物质承载之物，也是其在市场当中得以实现的具体形式。这一产品体系涵盖了核心产品、延伸产品以及衍生产品等多种类型。一个较为完善的产品体系，理应具备系统性、层次性以及互补性等诸多特性，唯有如此，才能够充分满足不同消费者所呈现出的多样化需求。就非遗文旅品牌而言，在开展产品开发相关工作的时候，务必要重视对文化内涵加以挖掘，并且着力于将其转化为创意成果，进而把非遗元素切实融入产品设计以及功能体验等诸多方面当中，最终打造出拥有文化特色并且具备市场竞争力的产品线。

文旅品牌的服务设计属于品牌体验的关键部分，其中涵盖了服务流程、服务环境、服务人员以及服务标准等方面。出色的服务设计可强化消费者所感受到的满意度与忠诚度，进而促使品牌的美誉度以及竞争力得以提升。就非遗文旅品牌而言，在其服务设计方面应当着重关注文化体验以及情感交流这两点，借助专业的讲解方式、具有互动性的体验环节以及个性化的服务举措，以此来增进游客对于文化的认知程度以及情感方面的共鸣感受。

产品体系以及服务设计在构建之时，得依据消费者的需求状况与市场呈现出的趋向，再关联到品牌的定位情况以及所具备的核心价值，进而去打造出具有系统性的产品和服务方面的方案。与此还得着手建立起较为完备的质量管理机制以及创新的相关机制，以此来保障产品和服务能够得以持续不断地进行优化，并且实现更新换代的操作。

四、文旅 IP 与品牌策略面临的挑战与对策建议

（一）文旅 IP 开发与品牌化面临的主要挑战

文旅IP开发与品牌化在实践中面临诸多挑战，主要表现在以下几个方面：

（1）文化本真性与市场需求存在平衡难题。过度的商业化往往会使得文化内涵变得越来越淡薄，甚至出现异化情况，然而若过度去强调文化本真性，那么就有可能会对市场的接受程度以及商业的可行性产生影响。究竟要怎样才能够在对文化本真性加以保护期间，同时还能满足市场的各种需求并且让消费体验得到提升，这无疑成为文旅IP开发过程当中极为关键的一个核心挑战所在。

（2）创新能力以及专业人才存在欠缺。文旅IP开发所需要的跨领域创新思维与专业技能涵盖诸多方面，像文化研究、创意设计、品牌管理以及市场运营等等。当下，在人才储备以及创新能力这两方面普遍有所不足，这对文旅IP的质量与水平形成了制约作用。

（3）在知识产权保护以及管理方面存在一定的困境。文旅IP涉及颇为复杂的知识产权相关问题，像传统文化资源的权属该如何去界定、创新成果要怎样加以保护、怎样有效防范侵权行为等。就当下情况来看，与之相关的法律法规以及管理机制都还没有达到完善的程度，所以知识产权保护也面临着不小的挑战。

产业链条存在不完整的情况，商业模式也比较单一，这些都是对文旅IP发展起到制约作用的关键因素。有不少文旅IP仅仅处于初级开发的阶段，在此阶段它们缺少较为系统的产业链条，同时商业模式也

欠缺多样性，如此便很难达到可持续发展的目标。

（二）文旅 IP 开发与品牌化的优化路径

针对上述挑战，文旅IP开发与品牌化的优化路径主要包括以下几个方面：

（1）坚持文化引领，强化创新设计。文旅IP开发要把文化内涵当作核心，借助创新设计以及表达方式，达成文化价值和市场需求的有机结合。需充分挖掘文化资源的独特价值与精神内核，采用现代设计理念和技术手段，创造出有文化深度且具备市场吸引力的IP内容与形式。

（2）着力于复合人才的培育，以此来促使专业能力得以提升。强化针对文旅IP开发领域相关人才的培育工作以及引进力度，构建起能够实现多学科交叉融合的人才培养体系，进而提升从业人士在文化素养方面的水准，同时让他们的创意能力以及市场意识均有所提高。积极倡导高校、各类研究机构以及企业展开合作，共同推进人才培养事宜以及技术创新活动，从而为文旅IP开发给予相应的智力方面的有力支撑，并且为其提供充足的人才保障。

（3）要着力完善相关的法律法规，进一步强化对知识产权的保护举措。需不断完善文化遗产保护以及知识产权管理方面的法律法规体系，清晰明确地界定传统文化资源的所有权归属，并制定出合理的使用规范，同时加大对文旅IP创新成果的保护力度。要建立并完善知识产权监管以及维权的相关机制，严厉打击各类侵权行为，以此营造出良好的创新环境以及有序的市场秩序。

（4）构建起完整的产业链，并且创新商业模式。促使文旅IP朝着产业链的上下游去延伸，进而形成包含研发设计、生产制造、营销推广以及体验消费等一系列环节在内的完整产业链条。去探索多种多样的商业模式以及盈利方式，像授权经营、联合开发、众筹众创以及数字化运营等这些，以此来提升文旅IP在市场当中的活跃程度以及可持续发展的能力。

（三）政策支持与保障体系建设

推动文旅IP开发以及品牌化朝着健康的方向发展，这就得有较为完善的政策予以支持，并且还得构建起相应的保障体系，主要涵盖如下这些方面：

(1)加强顶层设计以及政策引导方面的工作。把文旅IP开发这一事项纳入文化和旅游发展规划当中来，同时制定出专门针对它的相关政策以及配套的支持举措，清楚地明确其发展目标以及重点需要完成的任务。

(2)加大财政方面的支持力度以及金融服务力度。设立专门用于文旅IP开发的专项资金，以此来支持那些重点文旅项目以及各类创新实践举措。要创新金融服务的相关模式，进一步拓宽可用于融资的渠道，从而给文旅IP开发给予多元化的资金支撑。还要积极鼓励社会资本参与到文旅IP的开发当中来，进而逐步形成一种多元投入所构成的发展格局。

(3)着手搭建公共服务平台以及交流合作机制。去打造文旅IP开发方面的公共服务平台，从而能够给予信息咨询方面的服务，也有技术层面的支持服务，还有针对人才开展的培训服务，以及在市场推广方面所提供的服务。以此来推动产学研用之间的合作，同时促使跨领域的相互交流，进而达成资源共享以及优势互补的良好局面，最终形成一种协同创新的发展形势。

(4)着手建立评估监测以及质量管理体系。要去制定文旅IP开发方面的评估标准与质量规范，并且构建起科学合理的监测评估机制，以此来推动文旅IP朝着高质量的方向不断发展。强化行业自律以及市场监管工作，让市场秩序得以规范，从而营造出一种公平开展竞争的良好发展环境。

随着文化自信不断得到增强，创新能力也在不断提升，同时市场环境日益优化，文旅IP开发以及品牌化将会迎来更为广阔的发展空间，其表现形式也会变得更加多元。经过持续不断的探索与实践，文旅IP会成为连接传统与现代、文化与市场、创意与体验的一座重要桥梁，给非遗保护与文旅融合的协同发展增添新的活力与动力。

第四章　非遗与文旅协同机制的理论模型构建

第一节　系统论视角下的协同机制分析

非遗保护以及文旅融合发展已然变成新时代文化建设还有产业升级的关键议题所在。这两者并不是单纯的线性叠加关系，而是一个涉及多元主体、多重目标以及多维互动的状态，其呈现出的是高度复杂的动态进程。传统的线性思维方式又或者是单一学科方面的视角是没办法完整地将其内在的运行规律以及协同机理给揭示出来的。系统论能够给我们理解并掌握非遗保护与文旅融合这一复杂情况提供全新的理论层面的视域以及分析方面的工具。把非遗保护系统和文旅发展系统当作是相互依存并且相互起作用的复合系统来对待，运用系统论的相关原理以及方法，去细致剖析其内部的结构状况、功能耦合的具体情况、动态演化的相关方面以及协同机制的有关内容，这对于揭示两者融合发展的内在逻辑，对协同路径加以优化，提升协同效能而言，有着极为重要的理论方面的意义以及实践层面的价值。

一、系统论与协同机制的理论基础

系统是由那些相互间存在作用并且相互有所依赖的若干个组成部分组合而成的，它是一个有着特定功能的有机整体，而其关键的本质特征涵盖了整体性、关联性、层次性还有动态性这几个方面。

协同机制所涉及的核心概念涵盖了序参量、临界点、自组织以及涌现性，等等。其中，序参量是用来描述系统宏观状态的一项关键变量，它能够在很大程度上支配着系统的整体行为表现；临界点则是系统状态出现质的变化时的那个转折点所在；而涌现性说的就是系统整体所呈现出的那种并不能够简单地归结为各个部分性质的新特性。

在非遗保护和文旅融合这样的特定语境之下，系统论以及协同机制理论能够给我们提供一套用于分析二者之间关系的理论框架，同时也为我们带来了相应的方法论工具，这对于揭示非遗以及文旅作为复合系统所呈现出的结构特征、互动机制以及协同路径等方面的情况是很有帮助的。

二、非遗与文旅作为复合系统的结构特征

从系统论的角度来讲，非遗保护系统和文旅发展系统一起组成了一个复合系统，这个复合系统有着多层次、多要素以及多功能的结构特点。要分析这一复合系统的协同机制，那么理解它的结构特征便是基础所在。

非遗-文旅复合系统有着清晰的层次结构以及系统边界。从宏观方面来讲，此复合系统是嵌套在更为庞大的社会文化系统还有经济发展系统之内的，会受到国家文化政策、经济发展战略以及社会变迁等宏观环境方面的诸多因素所造成的影响。从中观角度去看，非遗保护系统以及文旅发展系统属于两个相对而言较为独立然而又彼此之间存在关联的子系统，它们各自具备着特定的结构以及相应的功能。从微观层面来分析，每一个子系统都能够进一步分解成更细小的组成单元，比如说非遗保护系统包含有非遗项目、传承人、保护机构、传承场所等诸多要素，而文旅发展系统则包含有旅游资源、旅游企业、旅游市场、旅游产品等各类要素。这样一种多层次的嵌套结构，促使非遗-文旅复合系统能够维持相对的独立性，同时也和外部环境保持着紧密的联系，进而形成了开放性的系统边界。

从系统结构层面来剖析，非遗和文旅协同发展的核心难题就在于怎样去优化系统结构，加强各个要素之间的耦合关联，进而充分发挥出整体的功能作用。这就要求我们充分且细致地去领会系统内各要素相互间的关系模式以及它们彼此间的互动机制，精准地找出系统当中

的关键节点所在以及那些较为薄弱的环节之处，然后依据实际情况有目的地去对系统结构做出调整，以此来强化系统的整体性以及协同性。就像王文章所言，非遗保护工作与文旅融合进程需要搭建起一种有多元主体共同参与其中、在多个层次上协同推动的治理体系，从而形成由政府处于主导地位、市场负责具体运作、社会积极参与配合、传承人作为主体担当的角色协同格局。这样的观点十分着重地指出了系统结构优化对于推动非遗和文旅协同发展所具有的重要价值意义。

三、非遗与文旅协同机制的系统动力学分析

系统动力学作为一种理论方法，主要用于研究系统在时间推移过程中呈现出来的行为规律，着重对系统内的反馈机制、时滞效应以及非线性关系予以关注。凭借系统动力学所提供的分析视角来剖析非遗和文旅之间的协同机制，对于揭示该复合系统的内在运行逻辑、背后的动力源泉以及具体的演化路径而言，是很有帮助的。

系统协同的动力源主要出自三个不同方面：其一是内生动力，这种动力源自非遗保护所具有的传承需求以及文旅发展方面的创新需求，这两个需求在资源共享、功能互补以及价值共创等诸多方面都存在着与生俱来的协同空间；其二是外部驱动，这一驱动来自国家政策给予的引导作用、市场需求产生的牵引效应以及技术变革带来的推动影响，上述这些外部因素给非遗与文旅的协同发展营造出了颇为有利的条件；其三是系统自组织，它指的是系统在实际运行的过程当中依靠自我调节以及自我优化等方式所形成的协同效应，比如产业链得以延伸、创新网络能够形成以及生态圈实现构建等情况。而这三种动力源之间是相互作用的关系，它们一同推动着非遗与文旅达成协同发展之目的。

四、系统协同机制的优化策略与实践路径

从系统论的角度来分析非遗和文旅协同机制，能够拿出一连串优化的办法以及实践的途径，进而提高协同的效能，推动二者实现融合式的发展。

系统协同障碍的识别以及对其加以突破，是优化协同机制的前提条件。就非遗–文旅复合系统而言，协同障碍呈现出四个方面的表现情况：其一，存在认知障碍，像是对于非遗保护和旅游开发二者关系产生误解，又或是对协同发展所具有的价值予以低估等等；其二，有结构障碍，比如系统各要素之间连接不够通畅，资源整合工作做得不够到位，主体协作过程也并不顺畅等等；其三，出现功能障碍，如保护功能和开发功能之间存在冲突，文化功能与经济功能呈现失衡状态等等；其四，存在机制障碍，像协调机制不够健全，利益分配不够合理，风险防控措施落实不到位，等等。对这些障碍予以识别，并且采取具有针对性的突破措施，这无疑是优化协同机制极为关键的一步。

实现这些优化方向的调控手段有政策引导，像制定专项政策、完善法规体系、优化管理机制等，给非遗与文旅协同发展营造良好的制度环境；还有市场调节，要让市场在资源配置中起决定性作用，促使非遗资源和旅游要素有效对接、优化组合；技术赋能也很重要，用数字技术、智能技术等现代科技手段，提高非遗展示、传播、体验的效果，开拓文旅融合的新空间；以及社会参与，鼓励社区居民、社会组织、企业等多元主体参与非遗保护和旅游发展，形成多方协同的治理格局。这些调控手段相互配合着，一同推动协同机制不断优化和完善。

从系统论角度来剖析协同机制，这给构建非遗和文旅协同发展的理论模型打下了根基，同时也给相关实践给出了理论方面的指引。在后续的研究当中，可以着重去深入系统动力学模型的构建工作，借助量化的方式去分析系统各个要素之间相互产生的作用以及系统自身演

化的规律。把比较研究的视野进一步拓宽开来，去归纳总结不同地区以及不同类型非遗和文旅协同发展所呈现出的共性规律以及个性特点。强化跨学科之间的融合力度，将系统科学、文化研究、旅游学、管理学等多个学科的理论和方法加以整合，进而构建起更为完善的非遗和文旅协同发展的理论体系。

第二节　非遗-文旅协同发展模型构建

非遗属于中华优秀传统文化范畴，是其中极为重要的承载形式，它肩负着民族记忆以及文化基因，其保护工作以及传承事宜已然成为国家文化战略里不可或缺的一部分。文旅是文化和旅游相互融合之后所产生的产物，它给非遗的活态传承以及创新发展给予了颇为广阔的平台。非遗和文旅的融合发展绝非仅仅是资源方面的简单叠加或者功能层面的单纯组合，而是一个牵涉到多元主体、多重目标以及多维价值的复杂系统工程，这就需要有科学的理论予以指导，并且要具备相应的模型作为支撑。构建起非遗-文旅协同发展的模型，一方面能够助力于揭示二者融合所蕴含的内在机理以及其运行时遵循的规律，另一方面还能在实践当中为决策的制定以及路径的选择给予理论层面的依据。

一、非遗-文旅协同发展模型的理论基础

构建非遗与文旅协同发展的模型，离不开多学科理论作为支撑，其中囊括了协同学理论、价值共创理论以及可持续发展理论等等。这些理论分别从各个不同角度，给模型构建给予了理论层面的基础以及方法论方面的指引，对于深刻理解非遗和文旅协同发展的内在机制以及运行规律而言，是很有帮助的。

协同学理论给非遗-文旅协同发展模型搭建起了基本的理论框

架。协同学是德国物理学家哈肯所创立的用来研究复杂系统自组织现象的一种理论，它的核心理念在于系统里的各个要素经过相互间的作用以及协调之后，在特定的条件之下是能够自发地形成有序的结构与功能的，并且会产生出“1+>2”这样的协同效应。就非遗和文旅相融合发展的状况而言，协同学理论着重关注的是系统内部各个要素，像非遗资源、旅游市场、传承主体、消费群体等这些要素之间相互产生的作用以及彼此间的协调情况，还有系统同外部环境，比如，政策环境、市场环境、技术环境等这些环境之间形成的动态平衡状态。

价值共创理论给非遗—文旅协同发展的模型带来了价值方面的指引以及互动的相关机制。价值共创理论是从服务主导逻辑演变而来的，其着重指出价值并非由单一的主体来创造的，相反，它是多元主体在相互互动的过程当中一同创造出来的。在非遗和文旅相融合的发展进程里，价值共创理论所关注的是像非遗传承人、旅游企业、游客、社区居民等这些多元主体怎样借助互动参与以及资源整合的方式，一起去创造文化价值还有经济价值。

可持续发展理论给非遗—文旅协同发展模型确立了长远的发展目标以及相应的评价标准。可持续发展理论着重指出经济发展、社会进步还有环境保护需要达成协调统一的状态，其秉持着让当代人和后代人能够共同实现发展的这样一种理念。在非遗和文旅相互融合发展的进程当中，可持续发展理论所关注的重点在于怎么样在推动经济增长这件事儿上，同步去保护非遗所具有的真实性以及完整性，要维护社区所拥有的文化权益，进而促使文化传承与创新形成一个良性的循环状态。

还有一些相关理论，它们给非遗—文旅协同发展模型的构建带来了有益的启示。比如文化生态学理论，它着重关注文化要素和环境之间的互动关联，突出文化系统所具有的整体性以及生态平衡方面的情况。利益相关者理论，则把目光聚焦在多元主体的权益平衡以及协商机制上，强调共同开展治理以及责任要相互分担这样一种理念。创新扩散理论，其关注点在于文化创新的传播路径以及接受机制，着重强调创新和传统之间存在的辩证关系，等等。这些理论从各个不同的角度进一步丰富了非遗—文旅协同发展模型的理论内涵，从而为该模型的构建赋予了多维的视角。

二、非遗－文旅协同发展模型的类型与构建方法

依据不一样的理论视角以及实践方面的需求来看，非遗—文旅协同发展的模型能够划分出多种多样的类型，而每一种类型都有着与之相对应的特定构建办法以及应用场景。在这一部分内容当中，着重对资源整合型、价值链耦合型还有多元主体互动型这三种比较典型的模型展开探讨，主要涉及它们的构建方法以及各自所具有的特征等方面的情况。

资源整合型协同模型把资源要素的优化配置当作核心所在，着重于非遗资源和旅游资源的有机整合以及互补共享。此模型的理论依据是资源基础观还有资源依赖理论，其关注的要点在于怎样借助资源整合来达成协同效应。构建该模型的基本办法如下：一开始，要对非遗资源以及旅游资源展开全面细致的梳理与评估，从中识别出各类资源所具有的特性、价值以及潜在的发展潜力；接着，去分析资源彼此间存在的关联性以及互补性，从而确定资源整合应当优先开展的领域以及关键环节所在；要设计资源整合的具体实施路径与方式，像资源共享、资源互换、资源嫁接，等等这些都包含在内；建立起资源整合的协调机制以及评价体系，以此来保证资源整合能够具备有效性并且可以持续发展下去。

多元主体互动型协同模型把利益相关者的协同参与当作核心要素，着重指出政府、企业、社区、游客等多元主体要展开互动合作并

达成共同治理。此模型的理论依据是利益相关者理论以及协同治理理论，其关注的要点在于怎样借助多元主体协同参与的方式来实现共同治理。构建该模型的基本办法如下：首先，要去识别非遗—文旅协同发展进程里那些关键的利益相关者，同时对各个主体所具有的利益诉求以及行为特征加以分析；接着，需明确各个主体在协同发展的状况下各自的角色定位以及责任分工情况，进而构建起多元主体的互动框架；要设计出多元主体协同参与的相关机制与平台，如协商对话机制、利益分享机制、风险共担机制等；建立起多元主体协同的评价体系以及激励机制，以此推动各个主体积极且有效地去参与协同工作。

除了像上文所提及的那三种较为典型的模型之外，还存在着一些属于混合型或者具有创新性的模型，比如说数字赋能型协同模型以及生态圈构建型协同模型，等等。这些不同类型的模型会依据不一样的理论视角以及多样的实践需求，进而采取各不相同的构建方式与应用策略。当在实际的应用场景当中时，通常都需要凭借特定地区所具有的资源禀赋状况、产业基础情况以及主体特征等方面的不同因素，去挑选与之相契合的模型类型，或者是开展针对模型的组合创新工作，从而能够切实满足非遗和文旅协同发展的实际所需。

三、非遗 - 文旅协同发展模型的优化与创新

随着实践进一步推进以及理论不断发展，非遗 - 文旅协同发展模型得持续优化并不断创新，以此来契合新形势、新需求以及新挑战。这一部分会探讨模型优化的重要环节、在数字技术赋能情况下的模型创新途径，还有模型应用所呈现出的区域差异性以及本土化策略。

模型优化有几个关键环节，其一在于价值导向方面做优化，也就是在构建以及运用模型的过程中，要充分重视文化价值和经济价值的平衡状态，防止过度商业化给非遗真实性带来损害，也要避免因过度保护而造成的发展停滞情况出现。其二涉及结构关系的优化，就是对

模型里各个要素之间的结构关系予以优化，强化要素彼此间的连接性以及互动性，以此提升系统整体的协同效能。其三是要对运行机制进行优化，即让模型的运行机制更为完善，像协调机制、利益分配机制还有风险防控机制等等都要完善，以此增强模型的稳定性以及可持续性。其四则需要优化评价体系，也就是建立起科学且全面的评价指标体系，借助它来对模型的应用效果展开客观评估，从而为模型后续的持续优化给出相应依据。

构建非遗—文旅协同发展的模型无疑是一项颇为复杂的系统工程，它要求把理论同实践紧密地结合起来，让多学科的知识相互交融，还得依靠多元主体一同来参与其中。借助科学的方式来构建并运用这个模型，是能够切实有效地对非遗以及文旅的协同发展予以指导的，进而达成文化保护和经济发展有机统一起来的目的，也为建设文化强国以及旅游强国给予强有力的支撑。在未来的研究当中，可以进一步去夯实该模型的理论根基，对模型的类型体系加以拓展，让模型的实证案例变得更加丰富多样，同时探索模型的创新途径，从而给非遗与文旅的协同发展给予更为系统化且模型化的理论方面的指导以及方法层面的支持。

第三节　资源—市场—技术三元互动机制

在非遗保护和文旅融合协同发展的进程中，资源、市场以及技术这三方面共同构成了促使协同机制能够高效运行的重要关键因素。其中，非遗资源身为文化的一种载体形式，其自身便是文旅融合所依仗的基础所在，并且还处于核心位置；市场机制能够为非遗文化达成社会价值层面的实现以及经济方面的转化开辟出一条实实在在的通道；而技术则可为资源和市场之间的有效链接给予手段层面的有力支撑，同时还能带来路径方面的创新之举。这三者彼此间并不是呈现出简单的线性传导关系，反而是建立在多维度互动基础之上的系统耦合状态，而且还会产生动态的演化情况，进而形成了非遗与文旅协同机制当中的一个三元互动结构。

一、非遗文化的本体优势与内容张力

非物质文化遗产属于传统文化当中极为重要的结晶产物，它有着十分突出的历史沉淀特性以及文化原生属性，在文旅开发相关领域里面，拥有着独特且颇为可观的资源优势。就其类型来讲，非遗资源所涉及的范围颇为广泛，包含了传统技艺、民俗节庆、表演艺术、传统医药以及口头文学等诸多不同的门类。这些非遗资源还呈现出很强的地方特色、民众特性以及历史纵深方面的感受，能够为文旅产品赋予深厚的文化内涵，同时也为其带来差异化的基因元素。它的价值并非仅仅体现在可作为旅游开发的素材方面，更体现在提升旅游场景所具有的“文化附加值”这一关键要素层面。

非遗资源的活化利用不能仅仅依靠其本身所蕴含的文化底蕴，而且要重视内容体系所能生成的那种张力。具体来讲，一方面得构建起以“文化意义加上感官体验”当作核心的叙事逻辑，以此来赋予非遗产品情感方面的连接以及文化层面的共鸣；另一方面应当着重于内容生产所具备的“语境适配性”，借助语言、符号、视觉等一系列系统去对传统文化元素加以重构，让其能够适应现代的审美需求以及旅游消费的需求。这样从“资源物化”转变成“文化语境化”的这一转化过程，恰恰是实现非遗资源有效供给的关键途径。

非遗资源所拥有的文化张力，实际上决定了它在旅游产品体系里所能具备的市场穿透力。只有那些有着“文化厚度”以及能够唤起“社会记忆”的资源，才可以在充斥着大量信息的文旅市场当中，建立起相对稳定的用户黏性。所以说，非遗资源的核心竞争力并不是体现在它的“物的陈列”方面，而是体现在其“文化再现”的能力上。这就需要资源方在进行内容建构的时候，要强化“再生产意识”，借助结构性的梳理以及语义性的重组方式，从而能够持续地去满足不同市场群体对于文化认同以及情感方面的需求。

二、需求牵引与价值转化的结构通道

非遗文旅融合最终要落实到市场的有效转化上，而市场最为关键之处就在于达成“文化—经济”二者间的价值双向流动。当下非遗市场化的路径呈现出如下一些特点：其一，文创产品化这一趋势颇为突出，也就是以非遗技艺作为根基所开发出来的文旅商品正逐步迈向品牌化、定制化以及高端化的市场阶段；其二，旅游场景化整合的力度在不断加强，借助沉浸式体验、现场互动等手段，把非遗内容充分融入旅游服务链条当中，进而形成“文化即场景”的营销方式；其三，消费分层以及圈层运营的态势日益凸显，非遗产品在市场上的接受程度愈发依靠消费者的自身文化资本、身份认同以及审美趣味。

三元互动机制的产物——北京前门铛铛车

在这样的大背景之下去构建行之有效的市场机制，那就得精准地去识别文化消费方面的各种需求，并且借助科学合理的系统设计来达成供需双方之间高效的对接效果。应当把用户放在核心位置上，着手构建起针对不同细分人群的画像，进而制定出具有个性化的商品开发策略。比如说，对于中青年这个群体而言，可以去开发那种将潮流元素和传统技艺相互融合在一起的所谓“新国风”类的产品；而对于老年人这个群体来讲，则不妨推出那些着重于情感传承以及怀旧情结的“记忆型”产品。还要进一步强化渠道方面的构建工作，充分利用新媒体平台来实现“场景—传播—销售”这样的一体化联动模式，以此来打通从线下场景体验到线上内容消费这两者之间能够相互贯通的双向路径。得依靠制度化的运营机制来保障非遗市场能够开展公平的竞争并且实现持续的发展，从而推动形成“文创—文旅—文产”这样依次递进的三级价值跃迁局面。

市场逻辑在非遗发展中的引入，得在“价值主导”与“文化本真”之间维持动态平衡。一方面要依据市场反馈来推动产品迭代，让非遗内容更有时代生命力。另一方面要设立文化阈值制度，避免市场过度驱动导致文化异化、符号空转以及商业泛化等风险。“限定性市场化”这一策略，能为非遗市场的可持续发展提供制度保障。

三、中介机制与协同通道的建构

在资源和市场这两者之间，技术所发挥的作用并非仅仅局限于连接，它还在协同机制当中充当着极为重要的角色，具体而言，它是路径的建构者，同时也是效率的提升者，兼具这两种身份。以数字技术为例，其作为新兴的手段之一，当下正对非遗资源的表达方式、传播路径以及价值生成模式等方面展开全新的重构工作。就表达层面来讲，依靠AR/VR、3D建模、数字孪生等一系列技术手段，非遗项目能够从原本单一的“静态展示”状态成功转型为更具互动性的“沉浸交互”模式，进而促使文化内容完成从单纯的“文本”呈现形式到更为丰富的“体验”呈现形式的跨维度转变。再看传播层面，凭借着短视频、直播电商、社交平台等这些新型的媒介形态，非遗内容得以冲破时空方面的重重壁垒，广泛且有效地触及年轻群体以及跨区域的消费市场，由此便形成了颇具特色的“跨界破圈”式内容传播局面。而在管理层面，综合运用区块链、大数据以及人工智能等技术，可以达成对非遗项目的确权溯源、数据归档以及智能分析等相关事宜，以此进一步提升资源监管以及市场预测工作的精准程度。

技术机制深度介入的情形下，其作用绝不该仅仅停留在“工具赋能”层面，而是要切实转变为“结构嵌入”。具体来讲，技术平台需嵌入到非遗资源的管理相关系统里，融入市场机制的运营流程当中，并且嵌入产品体系的创新路径之中，进而构建起“资源—市场—技术”三者协同运作的逻辑闭环。技术在这里，已然不再是单纯的“连接器”了，它实实在在地成了“驱动器”，是促使非遗文旅协同机制从“结构整合”迈向“系统重构”的关键要素所在。

四、三元互动机制的系统模型与路径优化

在协同机制所构建的整体模型当中，资源、市场以及技术这三者共同组成了一个相互之间存在作用关系且彼此塑造而成的动态系统。资源充当着基础供给单元的角色，其能够为非遗文旅协同事宜提供所谓的“内容内核”；市场则扮演着转换单元的角色，借助自身之力实现文化价值向经济层面的转化；技术则是作为中介单元，负责构建起供需双方之间高效且便捷的链接通道。并且在这协同机制里，这三者并不是按照一定的顺序依次开展运行工作的，相反是凭借着“资源活化—市场需求—技术驱动”这样一种三元并联的逻辑方式，持续不断地达成价值的放大效果以及路径的优化目标。

要提高三元机制的系统协同效能，需要搭建常态化的“协同平

台”。把政府引导、企业运营、学术研究以及社区参与等诸多方面的资源都整合起来，达成资源动态管理、市场信息共享还有技术工具共用这样一种整体优化的局面。借助制度方面的保障以及机制层面的创新，营造出多元主体一同建设、共同创造、分享成果的治理新生态，以此为非遗和文旅融合给予源源不断的系统动能。

第四节　协同机制的动态演化路径建构

非物质文化遗产保护和文旅融合的协同机制并非固定不变的结构，而是一个处于动态变化之中的过程。在当下这样一个全球化与本土化相互交织的时代大背景之下，非遗保护以及文旅融合的协同机制展现出了颇为复杂的演化特点。对协同机制动态演化路径加以建构，这既涉及非遗保护能否可持续地开展下去，也关系到文旅融合所能达到的深度以及能够拓展的广度，其对于推动我国文化强国的建设进程、达成文化自信的目标而言，有着重要意义。通过全面且细致地去分析协同机制的动态演化路径，便能够更为精准地把握非遗保护以及文旅融合未来的发展走向，进而对相关资源的配置予以优化，促使协同效能得以提升，最终达成非遗保护和文旅融合之间良性的互动状态以及可持续发展的美好局面。

一、协同机制动态演化的理论基础

协同机制动态演化的理论根基大多源自系统论、复杂适应系统理论、演化经济学还有协同学等诸多学科交叉融合的领域。从系统论的角度来讲，非遗保护和文旅融合共同构成了一个处于开放状态的复杂系统，在这个系统内部各个要素彼此之间以及该系统和外部环境之间都存在着极为复杂的相互作用关联。

协同学理论着重聚焦于系统里各个要素彼此间的协同作用方面。

依据协同理论来分析，系统所发生的演化情况，实际上是依靠系统内部存在的协同作用来推动的。借助这种协同作用，系统能够达成从数量方面的变化迈向质量方面转变的跃升状态。就非遗保护以及文旅融合所形成的协同机制而言，其中各个主体相互间所存在的协同作用，恰恰构成了该系统演化的关键核心驱动力量。

二、协同机制动态演化的阶段特征

非遗保护和文旅融合协同机制的动态演化有着十分显著的阶段性特点，大致能够划分成初始协同阶段、深度融合阶段以及创新发展阶段这三个关键阶段。

初始协同阶段是非遗保护同文旅融合协同机制开始形成的阶段，在此阶段，非遗保护和文旅发展二者间的关系大多呈现为简单的资源共享以及初步的合作，政府一般充当主导的角色，借助政策方面的引导以及资金给予的支持，促使非遗资源朝着旅游产品去转化，不过这一阶段的协同机制并不是十分完善，各个主体彼此间的协同程度比较低，非遗保护跟文旅发展之间存在着一定的张力以及矛盾。

深度融合阶段是协同机制一步步走向完善并不断得以深化的阶段，在此阶段当中，非遗保护与文旅融合的协同机制已不再是那种简单的“文化+旅游”式的物理叠加模式，而是朝着“文化 × 旅游”这般更为深厚的融合态势去演进。各主体彼此间的协同关系变得更为紧密了，由此形成了一种由政府予以引导、企业担当主体、社区积极参与以及传承人占据主导地位的多元协同格局。在这一阶段里，非遗保护与文旅融合的协同机制越发着重于对文化生态展开整体性的保护工作以及实现可持续发展的目标，同时也十分强调非遗要进行活态传承并且达成创造性的转化。

创新发展阶段是协同机制逐步走向成熟并且不断实现创新的阶段，在这个阶段当中，非遗保护和文旅融合所形成的协同机制展现出了极高的创新特性以及很强的适应能力，数字技术、人工智能等诸多新技术的应用给协同机制的创新开拓了全新的可能性。在这个阶段，非遗保护与文旅融合的协同机制更为着重于创新驱动以及追求高质量的发展，突出强调文化创意、依靠科技赋能以及推动跨界融合等方面的情况。

三、协同机制动态演化的影响因素与作用机制

政策环境在协同机制演化方面起着关键作用，是影响其演化的外部因素之一。国家层面的政策导向以及制度安排，能为协同机制的演化提供一个基本框架，并且给出方向指引。地方政府在政策方面的创新以及实践探索，能够为协同机制的演化提供丰富的经验以及模式。政策环境会通过资源配置、制度安排还有激励机制等方式来影响协同机制的演化方向以及速度。

中国大运河——通惠河上的平津古闸与运河非遗

技术创新是加速协同机制演进的一剂催化剂。数字技术、人工智能以及虚拟现实等诸多新技术的应用，给非遗保护以及文旅融合开拓出了全新的可能性与路径。就好比刘芮等学者在探讨互动数字叙事视域下非遗开发框架的时候所明确指出的那样，“互动数字叙事理论能为非遗的创造性转化以及创新性发展赋予全新的思维理念”。技术创新借助改变传播的方式、拓展体验的形式以及提升管理的效能等途径，对协同机制的演化产生影响，进而促使非遗保护与文旅融合朝着数字化、智能化以及沉浸式的方向不断发展前行。

四、协同机制动态演化的路径优化与未来趋势

构建多元主体协同治理机制对于优化协同机制演化路径而言极为关键。非遗保护以及文旅融合牵涉到诸多不同主体，这就需要去建立起具备较强包容性且能让各方充分参与进来的协同治理机制。就好比国务院所设立的“由文化和旅游部来牵头，由20个相关部门共同组成的非遗保护工作部际联席会议制度”所呈现出的那样，多个部门展开协同合作无疑是非遗保护与文旅融合得以顺利开展的制度方面的有力保障。在地方这一层面，应当进一步对政府、企业、社区、传承人等多元主体共同参与其中的协同治理机制加以完善，要清晰明确各个主体各自所对应的权责边界以及彼此之间协同配合的具体方式，进而凝聚起一股强大的合力来推动非遗保护以及文旅融合相关工作的开展。

非遗保护与文旅融合协同机制的动态演化过程是极为复杂的，它属于多维范畴，牵涉到多元主体、多层次系统以及多种影响因素。在这一节当中，本文依据系统论还有复杂适应系统理论来着手分析，具体分析了协同机制动态演化的理论根基、不同阶段所呈现出来的特征、对其产生影响的各种因素以及这些因素发挥的作用机制，与此同时还给出了路径优化方面的策略以及未来可能的发展趋向。经研究可以发现，协同机制在动态演化过程中有着明显的阶段性特征，即从一

开始的协同状态逐步发展至深度融合的状态，最终朝着创新发展这样的状态去演进，而其受到的影响因素也是多种多样的，像政策环境、市场需求、技术创新、主体协同以及文化生态等因素都会对其产生影响。

对协同机制动态演化路径加以系统建构，能够更为有效地把握非遗保护以及文旅融合方面的发展规律，对资源配置予以优化，提高协同效能，达成非遗保护和文旅融合的良性互动状态以及可持续发展的目标，进而为建设文化强国、实现文化自信给予强有力的支撑。

第五节　协同度测评指标体系设计与优化

非遗和文旅协同发展属于一个复杂的系统工程，在此过程中，其协同所达成的效果究竟如何、协同所达到的程度处在什么水平，这就需要用科学且合理的测评指标体系来予以量化评估。协同度测评一方面是对协同发展当下实际情况的一种客观呈现，另一方面也是对协同机制加以优化以及促使协同效能得以提升的关键依据。伴随着非遗保护以及文旅融合不断向前推进，那种传统的单一维度、静态评价的测评办法已经很难契合复杂系统协同发展的评估方面的需求了，所以迫切需要去构建起多维度、动态化并且可操作性比较强的协同度测评指标体系。

一、协同度测评的理论基础与模型选择

协同度测评的理论根基主要来源于系统论、协同学以及评价理论彼此间的交融汇聚。从系统论的角度来讲，非遗和文旅属于两个相互存在关联的子系统，它们协同发展所达到的程度能够凭借系统要素之间关联的强度、互动的效率以及整合的水平来进行相应的衡量。

在模型选择这块，当下在学术界以及实践领域，所主要采用的协

同度测评模型涵盖了耦合协调度模型、哈肯协同模型，还有把层次分析法（AHP）同熵值法相互结合起来形成的综合评价模型等。耦合协调度模型是从物理学里的耦合概念延伸出来的，它是通过对系统之间耦合度以及协调度加以计算的方式，来对系统协同发展的程度予以评估。

模型的选择应当综合考量诸如研究目的、数据的可获得性以及评价对象所具有的特性等诸多因素。就非遗与文旅协同度的测评而言，得充分考虑这两个系统所呈现出的异质性特征以及彼此之间复杂的关联性，进而挑选那种能够将系统动态演化情况、多维度协同状况以及整体效能都如实反映出来的模型。

二、测评指标体系的构建逻辑与设计原则

测评指标体系在设计之时，应当遵循科学性、系统性、可操作性以及动态性等原则。就科学性原则来讲，其要求所选取的指标务必要有相应的理论依据作为支撑，唯有如此，才能够精准地将非遗与文旅协同发展的本质特性给反映出来。系统性原则着重指出，指标体系要全方位地涵盖协同系统的各个不同方面，这里面既涉及经济效益层面，同时也涵盖了社会效益层面、文化效益层面以及生态效益层面。可操作性原则要求指标数据相对来说比较容易获取，并且其计算的方法也要是简便且易于施行的那种。动态性原则强调指标体系得具备适应非遗与文旅协同发展过程中出现的动态变化的能力，也就是说，它需要拥有一定的前瞻性以及适应性。

在具体指标设计环节，需要重视将定量指标和定性指标相互结合起来，以此较为客观地反映出协同发展的多个维度所具有的特征。定量指标主要涵盖经济指标，像文旅融合产业所增加的增加值、非遗文创产品所实现的销售额以及旅游收入当中非遗元素所占的比重等；还有社会指标，比如非遗传承人参与文旅项目的比例情况以及文旅融合

所能带动的就业人数等方面；环境指标也包含在内，例如资源利用的效率、环境能够承受的能力等。而定性指标，其主要涉及体制机制方面的创新、政策环境的优化、文化价值的传承以及游客体验的满意度等诸多难以进行量化处理的方面。

三、测评体系的优化路径与发展前景

随着非遗和文旅协同发展持续推进以及实践层面不断推陈出新，协同度测评指标体系同样需要持续予以优化并逐步完善起来。其优化的路径大概包含如下几个方面：着力于加强理论方面的创新，要深入且细致地去探究非遗和文旅协同发展的内在运行机理以及所遵循的规律，从而给测评体系筑牢更为稳固的理论根基。需要留心方法层面的创新，去尝试着把大数据分析、人工智能这类新技术运用到协同度测评当中来，以此提升测评所具有的科学性以及精准度。还得着重强化指标方面的创新，依据非遗和文旅协同发展的全新趋势以及崭新特点，要及时对指标体系做出调整并加以完善，进而强化测评所具备的针对性以及前瞻性。要积极推动应用层面的创新，要把测评得出的结果和政策制定、资源配置、项目评估等实实在在的工作紧密结合起来，以此提升测评所具有的实用性以及所产生的影响力。

就发展前景而言，非遗与文旅协同度测评指标体系会呈现出如下一些趋势：其一，是多元化这一趋势，其中测评主体将会从原先主要由政府主导的状态逐步转变为有政府、企业、社会组织、专家学者以及公众等多方共同参与进来的情形，并且测评内容同样也会变得更加多元化起来；其二，是精细化这一趋势，具体表现为测评指标会变得更为细致，更加具体，从而能够较为精准地反映出协同发展的不同侧面以及不同层级的情况；其三，是智能化这一趋势，在这个过程中，像大数据、云计算、人工智能这类技术会被广泛地运用到测评当中，以此来提升测评所具有的效率以及精度水平；其四，是实用化这一趋势，也就是说测评所得到的结果会更侧重于实际的应用层面，进而能够为政策方面的制定工作、资源的配置事宜以及项目的管理工作给予强有力的支撑。

非遗与文旅协同度测评指标体系属于一种重要工具，它能够用于评估协同发展所达到的水平，并且对于优化协同机制也有着重要作用。该指标体系经过科学设计以及持续不断地优化，这对于推动非遗和文旅实现高质量的融合式发展有着十分重要的意义。在这一节当中，会从理论基础以及模型选择、构建逻辑还有设计原则、实证应用以及案例分析、优化路径与发展前景这四个不同的方面来较为系统地对非遗与文旅协同度测评指标体系的设计与优化相关问题展开探讨。研究得出的结论显示，科学且合理的协同度测评指标体系应当依据系统论以及协同学理论来构建，通过运用定量和定性这两种方法，从而能够较为全面地将非遗与文旅协同发展的多维度方面的特征以及综合效益都充分地反映出来。

理论创新、方法创新、指标创新以及应用创新正持续向前推进，在这样的形势下，非遗与文旅协同度测评指标体系会朝着多元、精细、智能以及实用的方向去发展，进而给非遗保护与文旅融合的协同机制优化给予更为科学、完整且精准的决策方面的支持。协同度测评不能仅仅局限于学术研究这个层面，还需要主动去服务实践，要把测评得出的结果同政策制定、资源配置还有项目评估等工作紧密地结合起来，切实发挥它在推动非遗与文旅协同发展当中所具有的积极作用。唯有构建起科学合理并且能够跟上时代发展的协同度测评指标体系，才能够为非遗与文旅协同发展给予强有力的支撑，达成非遗保护与文旅融合的双赢式发展局面。

第五章　非遗与文旅协同的实践路径探索

第一节　非遗主题旅游线路的策划与实现

非物质文化遗产是中华民族文化基因极为重要的承载之物，承载着数量颇为丰富的历史记忆以及文化智慧。就当下文旅融合这样的时代大背景来讲，非遗主题旅游线路充当着连接非遗保护以及旅游发展之间的重要纽带角色，它一方面属于非遗活态传承所开辟出的创新路径，另一方面也是文旅融合的一种典型实践的具体形式。非遗主题旅游线路并非关于游览路径方面的设计事宜，它还涉及对文化价值加以挖掘的工作、对传承方式进行创新的举措以及对体验模式予以重构的相关内容，它是借助空间串联这一方式、依靠主题整合这种手段以及凭借体验设计这类途径，把原本处于分散状态的非遗资源转变成为系统性的旅游产品，形成良性互动状态。

一、非遗主题旅游线路策划的理论基础与价值内涵

非遗主题旅游线路策划所依据的理论基础，主要出自文化遗产保护理论、旅游体验理论以及文旅融合理论等诸多学科相互交叉融合的范畴。文化遗产保护理论着重于对非遗展开整体性的保护举措，并且注重其活态传承的方式，这无疑给非遗主题旅游线路的策划赋予了基本的原则框架，同时也给予了相应的方法论方面的指引。

文旅融合的相关理论给非遗主题旅游线路的策划带来了整合方面的视角，着重于文化和旅游的有机结合以及二者之间的相互赋能。文化和旅游部在《关于推动非物质文化遗产与旅游深度融合发展的通知》里清晰地说明，秉持着以文塑旅、以旅彰文的理念做好有效保护工作，推动非物质文化遗产与旅游深度融合发展。这样的政策导向给

非遗主题旅游线路的策划确定了基本的原则以及发展的方向。

二、非遗主题旅游线路的策划方法与类型模式

非遗主题旅游线路的策划办法，重点包含资源评估、主题提炼、线路设计以及体验规划这四个关键环节。其中，资源评估是非遗主题旅游线路策划的根基所在。这就要求针对区域内所存在的非遗资源展开系统的普查工作，并且对其加以价值评估，从而清晰明确地知晓其具有的文化特色、传承方面的实际状况以及在旅游领域所蕴含的潜在开发力。

依据主题所呈现出的特色以及资源所属的类型来看，非遗主题旅游线路能够划分出传统工艺体验型、民俗文化体验型、传统表演艺术型还有综合文化体验型这四种较为典型的模式。其中，传统工艺体验型线路是以传统手工艺当作核心的吸引物，借助工艺展示、技艺体验以及产品定制等一系列的方式，使得游客可以充分地去了解传统工艺那悠久的历史渊源、复杂的制作流程以及深厚的文化内涵。

国际级非物质文化遗产自贡灯会在北京绽放

三、非遗主题旅游线路的实现路径与创新机制

非遗主题旅游线路得以实现的路径，政策支持、资源整合、产品开发以及市场推广这四个关键环节。其中，政策支持是非遗主题旅游线路实现的基础性保障，这就要求政府部门要出台相应的政策措施，以此来给非遗主题旅游线路的开发与运营给予制度层面的支持以及资金方面的保障。

资源整合是非遗主题旅游线路得以实现的那个关键环节，在这个过程中，得把非遗资源、旅游设施、交通条件以及服务体系等诸多要素都整合到一块儿，进而形成一种系统且完整的旅游产品体系。要想达成有效的资源整合，那就得依照主题一致性、空间连贯性还有体验互补性这些原则来行事，以此来保证各个要素之间能够实现有机的衔接以及协同的发展。就如文化和旅游部在推动非遗和旅游实现深度融合发展的进程当中所着重指出的那样，要把非遗资源以及旅游资源加以整合，促使非遗和旅游能够在资源、产品、市场以及服务等诸多方面达成深度融合，这也清楚地说明了资源整合是实现非遗与旅游深度融合的一条极为重要的途径。

产品开发属于非遗主题旅游线路达成的关键环节，要依据非遗资源特性以及市场需求来开展工作，着力去开发那种有着深厚文化底蕴并且具备体验价值的旅游产品。有效的旅游产品开发应当着重关注其文化内涵、体验设计还有服务品质等方面，以此保证产品可精准地传达出非遗所蕴含的文化价值以及艺术魅力。正如南通非物质文化遗产馆在产品开发中所实践的，以“江海遗韵”为主题，分为“非遗概览”“物华天宝”“传承守望”三个单元，将南通代表性项目的历史渊源、特色风格、工艺流程以及当代保护情况进行系统展示[13]，这种基于文化脉络的产品开发方式有效提升了非遗的展示效果和传播价值。

IP打造当属非遗主题旅游线路创新的关键核心策略所在。具体而

言，凭借对非遗所蕴含的文化符号以及情感价值加以细致挖掘的方式，去着力打造出拥有一定识别度并且具备相当影响力的文化IP，进而促使非遗在市场层面的吸引力得以提升，其商业价值也能够获得一定程度的增益。就好比有学者在展开针对打造文化IP以此来推动非遗保护与旅游产业实现融合发展方面的相关研究之时所明确指出来的那样，借助于文化IP的精心打造这一举措，把非遗保护巧妙地融入诸如特色小镇、全域旅游、田园综合体以及养生度假等诸多旅游产业当中，如此便可以从根本上对旅游全产业体系予以重新构建，同时积极探索并努力实现旅游产业的升级以及消费层面的升级，进而引领非遗资源朝着可持续发展的方向不断迈进。由此可见，IP打造确实称得上是达成非遗与旅游深度融合的有效路径之一。

跨界融合是非遗主题旅游线路创新的关键途径，借助与文创、教育、科技、健康等诸多领域展开跨界协作的方式，进一步拓展非遗可应用的场景以及其价值所存在的空间，进而创造出全新的体验模式以及商业模式。就好比文化和旅游部在推进非遗与旅游实现深度融合发展的进程当中所着重指出的那样，需要积极推动非遗同文创、科技、教育等领域达成融合发展的状态，以此来拓展非遗的应用场景以及价值空间，这也清楚地说明跨界融合已然成为非遗主题旅游线路创新极为重要的发展方向。

四、非遗主题旅游线路的挑战应对与未来趋势

非遗主题旅游线路在发展进程中碰到了诸多挑战，如文化真实性保护方面的问题，市场可持续性方面的难题，体验深度需要提升的状况，还有多元主体协同合作的障碍，等等。其中，文化真实性保护当属非遗主题旅游线路所面临的首要难题。具体而言，在旅游开发这个过程当中，怎样才能保持住非遗原本的文化真实性以及传承的完整性，防止出现过度商业化以及开发流于表面的情况，这已然成为非遗主题

旅游线路策划以及实现环节里的核心难题所在。就如王文章曾经着重指出的那样，非遗保护最为关键之处就在于要保护好其赖以生存的文化生态环境，同时要维护好其传承的完整性与真实性。按照这样的原则来要求，非遗主题旅游线路在策划以及实现之时，务必要充分尊重非遗自身所具有的文化脉络以及传承环境，决不能为了单纯迎合旅游市场的需要而去扭曲或者简化非遗所蕴含的文化内涵。

市场可持续性构成了非遗主题旅游线路所面临的重大挑战，怎样去平衡文化保护以及市场需求这两者的关系，进而保障线路能够具备持续不断的市场吸引力以及良好的经济效益，这是非遗主题旅游线路在长期发展进程中极为关键的一个问题。

非遗主题旅游线路所面临的一项系统性挑战在于多元主体协同方面，怎样去协调政府、企业、社区以及传承人等诸多主体的利益与诉求，进而凝聚成一股力量来推动非遗主题旅游线路达成可持续发展的目标，这已然成为非遗主题旅游线路治理当中极为关键的核心问题。如柏仙爱在针对非遗文旅融合政策执行展开研究之时所着重指出的那样，多元主体参与政策执行的机制、对资源配置加以协调并予以优化、提高政策议题所能够容纳的程度、对政策网络里各个主体之间的利益关系做出协调，通过这些举措最终促使政策目标得以实现。由此可见，多元主体协同实则是非遗主题旅游线路实现可持续发展的重要保障所在。未来，非遗主题旅游线路在策划以及实现方面，需要更加着重于文化深度层面、体验创新方面以及可持续发展角度。要在对非遗文化本真性加以保护的基础之上，持续去探寻非遗和旅游融合发展全新的路径以及模式，以此来给非遗的活态传承以及创新发展赋予新的生机与活力。

第二节　社区参与地方性知识再生机制

非物质文化遗产属于人类文明的活态记忆范畴，其生命力深深扎根于特定社区所处的文化土壤当中。在文旅融合这样的时代大背景之下，社区参与已然变成了非遗保护以及传承的关键核心机制，与此地方性知识的再生情况也成了促使非遗活力不断迸发出来的内在驱动力量。在全球化和本土化相互交织的当代特定语境里面，怎样凭借社区参与来激活地方性知识，进而推动其开展创造性的转化工作以及实现创新性的发展目标，最终达成非遗保护和文旅融合之间的良性互动状态，这无疑是一个在理论研究层面以及实践探索领域都极为重要的命题。

一、社区参与地方性知识再生的理论基础与价值内涵

社区参与地方性知识再生的理论根基大多源自文化人类学、社区发展理论以及知识社会学等诸多学科相互交叉融合的范畴。文化人类学着重指出文化的在地特性以及主体特性，其秉持这样一种观点，即非遗本质上属于一种文化形态，它的生成过程以及后续的传承活动，都必须依附于特定的社区环境才行。

社区参与以及地方性知识再生所蕴含的价值内涵，主要聚焦在文化主体性、知识创新性还有发展可持续性这三个不同的维度之上。就文化主体性这个维度来讲，社区参与着重去凸显非遗传承主体所拥有的自主权利以及话语权方面的情况，以此来切实保证非遗保护所指向的方向能够同社区文化认同保持高度的一致性。

二、社区参与地方性知识再生的实践路径与模式创新

社区参与以及地方性知识再生的实践路径，主要存在着社区主导型、政府引导型、市场驱动型还有多元协同型这四种较为典型的模式。社区主导型模式着重突出社区所具有的自主性以及主体性，是由

社区居民以及传承人来主导非遗保护与传承方面的相关活动，而政府以及市场主体则给予必要的支持。

市场驱动型模式着重于凸显市场机制所具有的激励作用，借助市场化方面的运作以及商业层面的开发举措，以此来激活非遗所蕴含的经济价值，推动社区积极参与其中，并促使地方性知识得以再生。这种模式有一个典型的案例，那就是江苏苏州开展的“非遗工坊”实践。在这一实践当中，当地着手建立起非遗工坊，同时着力开发文创产品，并且还举办各类体验活动，把传统工艺和现代设计巧妙地融合到一起，进而达成了非遗的市场化传承以及创新发展目标。这种模式具备的优势是经济可持续性方面表现得比较强，创新所迸发出来的活力也比较充足，然而它同样面临着一些挑战，如商业化程度过度、文化本真性出现流失等情况。

多元协同型模式着重于多元主体的协同参与，是由政府、社区、企业以及学术机构等诸多方面力量一道参与非遗保护与传承活动，进而形成一股合力来推动地方性知识的再生。这种模式有一个典型的案例，那就是云南丽江的“东巴文化保护与传承”实践，在当地是通过建立起一个由政府主导、社区参与、企业给予支持并且有专家进行指导的协同机制，以此来系统地推进纳西族东巴文化的保护、研究、传承以及开发工作，达成了传统文化的活态传承以及创新发展。这种模式的优点在于资源整合较为充分，专业方面的支持也很有力，不过同时它也存在着协调难度比较大的情况，利益平衡起来也比较复杂等一系列的挑战。

三、社区参与地方性知识再生的中国经验与未来趋势

中国在社区参与以及地方性知识再生方面所积累的经验，集中反映在如下几个层面：其一，政府主导和社区自主相互结合起来；其二，保护传承与创新发展相互推动；其三，文化价值同经济价值相互融合

在一起；其四，传统智慧与现代技术相互衔接起来。其中，政府主导和社区自主相结合这一点，可以说是我国非遗保护领域最为基础的一项经验。如此一来，既能够充分发挥出政府在政策制定、资源配置还有制度保障等方面所具有的主导作用，同时也充分尊重了社区在文化传承、知识创新以及发展决策等方面所处的主体地位。

保护传承与创新发展相互促进，这是中国非遗保护所积累的核心经验，其一方面注重对非遗开展原真性的保护以及系统性的传承工作，另一方面也着重强调非遗要实现创造性的转化以及创新性的发展，进而达成了保护与发展之间良性的互动状态。这也清楚地表明，“两创”已然成为中国非遗保护极为重要的理念，并且成为实践当中的一条重要路径。

中国非遗保护有着把传统智慧和现代技术连接起来的创新经验，一方面尊重传统知识体系内部的逻辑以及所具有的文化价值，另一方面还善于借助现代科技手段来推动传统知识得以保存、实现传播并促成创新，进而达成了传统与现代之间的有机联系。

社区参与以及地方性知识再生，这二者是非遗保护与文旅融合极为重要的机制。其相关的理论根基是源自文化人类学、社区发展理论还有知识社会学等诸多学科相互交叉的领域。就价值内涵来讲，它体现于文化主体性、知识创新性以及发展可持续性这三个不同的维度之上。在实践的具体路径方面，已然形成了社区主导型、政府引导型、市场驱动型以及多元协同型这四种较为典型的模式，并且还呈现出数字赋能、教育融入、产业链接以及空间重构这样四个颇具创新性的趋势。在中国，就社区参与地方性知识再生这一方面而言，已经积累下了诸如政府主导与社区自主相结合、保护传承与创新发展相促进、文化价值与经济价值相融合以及传统智慧与现代技术相衔接等诸多宝贵的实践经验。在未来的发展进程中，将会朝着社区主体性得以增强、知识创新性进一步深化、融合发展更加深入以及数字赋能持续推进这样的方向去迈进。

第三节　非遗工坊与文旅综合体的协同模式

非遗工坊属于非遗活态传承以及实践的关键载体，它和集聚多种业态并且能够给予综合性文旅体验的文旅综合体之间，原本就具备协同发展的基础。非遗工坊拥有的生产性、体验性还有教育性等功能，可给文旅综合体赋予独特的文化内涵以及吸引力，而文旅综合体所具有的平台优势、市场渠道以及综合服务的能力，又能够为非遗工坊在传承、创新以及市场拓展方面给予有力的支撑。去探索非遗工坊和文旅综合体的协同模式，这既是促使非遗保护从静态展示转变成活态传承的有效途径，同时也是推动文旅产业从观光消费朝着深度体验迈进的重要方向。

一、协同模式的理论基础、作用机制与当代价值

非遗工坊和文旅综合体协同发展的理论依据，是从产业集群理论、共生理论、体验经济理论以及文化创意产业理论等诸多方面来考量的。产业集群理论讲的是，地理位置靠近的相关企业、机构还有服务提供商聚到一起的时候，能够出现知识溢出、资源共享以及协同创新这样的情况，进而提高所在区域的竞争力。非遗工坊在文旅综合体里面聚集起来或者开展紧密合作，这其实就是产业集群效应在文旅方面的具体表现形式，对形成非遗传承和旅游发展的良好互动生态是有帮助的。共生理论着重指出，不同主体依靠互利合作，可以达成共同生存与发展的目的。非遗工坊和文旅综合体在功能、资源以及市场这些方面有着极高的互补特性，它们协同发展的实质是一种互惠共生的关系，其中工坊给综合体提供文化方面的内容，而综合体则给工坊提

供发展的平台，两者共同去提升自身价值。

体验经济理论说明，消费者在消费过程中愈发看重情感体验以及个性化的满足情况，文旅产业的关键竞争力就在于营造出独特且令人难以忘怀的体验。非遗工坊所给予的沉浸式制作体验和传承人展开的互动交流以及对传统技艺较为深入的了解机会，恰好契合了游客对于深度文化体验方面的需求，能够在很大程度上提升文旅综合体所具有的吸引力以及体验方面的价值。文化创意产业理论着重指出要对文化资源加以创造性地转化，并且实现其产业价值。非遗工坊属于非遗创造性转化极为重要的承载平台，凭借与文旅综合体相互协同的方式，可以把非遗资源转变为拥有市场吸引力的文创产品、体验项目以及旅游服务，达成文化价值同经济价值的统一状态。

非遗工坊和文旅综合体协同所具有的当代价值正逐渐变得更为突出。其对非遗的活态传承以及后续发展起到了有力的推动作用。把非遗项目引入到市场化的文旅场景当中，使得传承人能够获取合理的经济回报，如此一来便激发出他们从事传承工作的积极性，并且还吸引了更多年轻人去了解、去学习以及参与到非遗当中，进而为非遗赋予新的生命力。在全国范围内所设立的数以千计的非遗工坊，尤其是那些设立在脱贫地区以及乡村振兴重点县的工坊，在带动就业以及促进增收等方面都发挥出了极为重要的作用。非遗元素的融入，改变了文旅综合体那种同质化且浅层化的发展模式，为其增添了文化厚度以及体验深度，满足了游客不断增长的文化消费需求，促使文旅产业朝着高质量发展的方向实现转型。非遗工坊与文旅综合体的协同发展，可将地方文化资源的优势转变成经济发展方面的优势，带动相关产业不断发展，创造出更多的就业岗位，增加居民的收入，进而成为巩固拓展脱贫攻坚成果、助力乡村振兴的关键抓手。借助文旅融合的平台，能够让更多的人去接触、去了解以及去体验非遗，感受中华优秀传统文化所散发出的独特魅力，增强民族认同感以及文化自信心，推动中华文化迈向世界舞台。

二、协同模式的关键类型与实践路径

非遗工坊和文旅综合体协同模式在实际当中有着多种多样的类型，依据它们相互结合的程度、占据主导地位的一方以及彼此间的空间关联情况，大致能够归纳出几种较为关键的类型。

（1）“嵌入式”协同模式。在这种模式当中，非遗工坊作为一种颇具特色的业态，会被引入或者嵌入那些已经较为成熟的文旅综合体里面，像旅游景区、主题公园、特色街区以及度假酒店等这类场所。非遗工坊凭借综合体所拥有的客流以及提供的平台来开展展示、体验以及销售等相关活动，以此来进一步丰富综合体所蕴含的文化内涵。

（2）“平台式”协同模式。在这种模式当中，文旅综合体充当着平台或者孵化器这样的角色，其会主动去规划、引入并且集聚起一批非遗工坊，进而形成有着非遗主题的文化空间又或者是产业园区。综合体会在场地、政策、管理以及营销等诸多方面给予相应的支持，以此来

天桥印象博物馆

推动非遗工坊能够实现成长与发展。就好比一些文化创意产业园、艺术区或者专门经过规划所设立的非遗传承体验中心，这些都属于此种模式范畴。

（3）“网络式”协同模式。该模式并不受单一物理空间的限制，而是指区域内非遗工坊与多个文旅综合体（比如景区、酒店、旅行社等）构建起相对松散却又颇为广泛的合作伙伴关系网络。非遗工坊借助与不同文旅主体展开合作，参与到旅游线路的设计工作、节庆活动的筹备之中，还会参与到研学项目的开展过程中，同时也会参与到文创产品的开发环节中，以此达成资源共享以及市场联动的目的。

（4）“一体化”协同模式，这是协同所呈现出的最高层次形态，具体指的是非遗工坊和文旅综合体在规划、建设以及运营等诸多层面达成深度融合，进而形成产权、管理、品牌均一体化的共生体，这样的模式一般会出现在以特定非遗项目当作核心主题来精心打造的文旅综合体当中。

三、协同实践中的创新机制、挑战与应对策略

非遗工坊和文旅综合体展开协同实践，这可绝不仅仅是把两种模式简单组合到一起这么回事，它实实在在是个充满创新元素的过程。这种协同实践的创新机制，在多个方面都有体现，像产品与服务创新、体验模式创新、技术应用创新以及商业模式创新等。其中，产品与服务创新对于非遗工坊来说，可称得上是其生存发展极为关键的核心所在。借助和文旅综合体协同起来的契机，工坊便能更为精准地去把市场需求给抓准了。如此一来，就能够把传统技艺同现代审美以及当下人们的生活需求相互结合起来，进而开发出契合游客各种喜好倾向的文创产品、体验课程以及定制服务。

（一）体验模式创新是提升文旅综合体吸引力的关键

在协同模式之中，非遗工坊已然不再仅仅是个简单的生产之地或

者销售之处了，它转变成了具有沉浸性质的文化体验空间。借助场景方面的营造举措、互动层面的设计安排以及故事讲述等多种方式，促使游客能够充分且深入地参与到非遗的制作流程当中来，并且与传承人展开交流互动，以此真切感受非遗所蕴含的文化魅力。近些年来，“非遗+沉浸式旅游”逐渐发展成为备受关注的热点所在，其通过运用剧本杀、实景演艺以及数字交互等一系列方式，把非遗元素融入故事情境里，从而给游客带去全新的文化体验感受。而在技术应用方面所开展的创新活动，则为协同赋予了全新的动能。

（二）商业模式创新是实现可持续发展的保障

协同模式推动非遗工坊和文旅综合体去探寻更为多元的盈利途径，像“体验+零售”“研学+旅游”“展演+餐饮”以及“IP授权+衍生品开发”这类复合型商业模式，冲破了单纯依赖门票或者产品销售的限制，提高了整体的盈利能力以及抗风险的能力。不过，非遗工坊和文旅综合体的协同实践同样遭遇不少挑战。其一便是文化本真性与商业化的平衡难题。若一味追求经济效益，可能会致使非遗技艺变得简单、文化内涵被稀释至出现异化的情况，损害非遗的真实性与完整性。怎样在市场化运作的过程中保持对文化的敬畏之心，坚守非遗的核心价值，是协同发展进程中必须直面的首要挑战。其二是利益分配机制存在不完善之处。协同涉及传承人、工坊经营者、综合体运营方以及地方社区等诸多主体，如何构建公平合理且透明规范的利益分配机制，保障各方尤其是传承人和社区的权益，是保证协同可持续发展的关键所在。缺少有效的利益协调机制，很容易引发矛盾与冲突。

（三）专业人才匮乏的挑战

协同发展急需那种既对非遗有了解，又熟知市场运营、策划创意以及现代管理的复合型人才。当下，不论是传统传承人群体的现代经营意识方面，还是文旅行业的非遗专业素养层面，均存在着明显不足，人才方面的瓶颈已然对协同的深度与广度形成了制约。并且，同质化竞争以及创新力不足同样是普遍存在的情况。部分地方在推进非遗工坊与文旅综合体协同项目的时候，出现了盲目跟风、简单复制的状况，使得产品变得雷同、体验过于单一，地域特色和核心竞争力严重缺失，很难产生持久的吸引力。

应对这些挑战，需要采取综合性的策略。一方面要坚持保护优先，守住文化根脉。要建立严格的非遗保护评估和监管机制，明确商业开发的底线和红线，确保协同发展不损害非遗的本真性。鼓励开展基于深入研究的创新，而非迎合市场的低俗化改造。另一方面要构建多元主体协同治理与利益共享机制。明确各方权责利，建立透明、公正的收益分配规则，保障传承人和社区的核心权益。鼓励成立行业协会或合作社，加强主体间的沟通协调与利益博弈。此外还要加强复合型人才培养。通过“请进来、走出去”等方式，加强对传承人的现代经营管理和创新设计培训；在旅游、设计、管理等相关专业教育中增加非遗内容，培养跨界融合人才。实施乡村文化和旅游能人支持项目，发挥带头人作用。最后要鼓励差异化发展与持续创新。引导各地立足自身资源禀赋和文化特色，深入挖掘非遗的独特性，打造具有核心竞争力的协同项目。建立健全创新激励机制，支持非遗技艺、产品、服务和体验模式的持续创新，避免同质化竞争。

四、协同模式的中国经验与未来趋势

中国在推动非遗工坊和文旅综合体协同发展中积累了不少丰富的实践经验，并且呈现出十分鲜明的中国特色。

（1）政府引导以及政策支持起到了极为关键的作用。从中央层面一直到地方层面，各级政府都对非遗保护与文旅融合给予了高度重视，接连出台了诸多规划、政策还有指导意见，这些为协同发展给出了顶层设计，并且提供了政策方面的保障。通过设立非遗工坊、建设文化生态保护区、评选典型案例等一系列举措，有效地引导并激励了市场主体参与到其中来。

（2）市场化运作以及产业化发展已然变成极为重要的途径。中国有着规模颇为庞大的国内旅游市场，同时文化消费需求也在不断地增长，这无疑给非遗工坊和文旅综合体的协同发展开拓出了相当广阔的可发展空间。各地都在积极地去探寻怎样把非遗资源同市场需求有效地对接起来，借助于开发文创产品、着力打造体验项目、举办各类节庆活动等一系列方式方法，进而把文化资源逐步转化成实实在在的经济效益，由此便形成了像“非遗+旅游”“非遗+研学”“非遗+康养”这样的多种多样的产业融合模式。众多非遗工坊凭借着市场化运作这一手段，不但达成了自身能够实现可持续发展的目标，而且还带动了所在地方的经济发展。

（3）在助力脱贫攻坚以及推动乡村振兴方面，成效颇为显著。非遗工坊充当着连接传统技艺跟现代市场之间的重要纽带，于吸纳就业人员、培育相关技能以及增加收入等方面，均有着独特的优势所在。尤其是在广大的乡村地区还有脱贫地区当中，依据当地的非遗资源所设立起来的非遗工坊，已然成为巩固拓展脱贫攻坚成果、全面推进乡村振兴进程的重要承载平台以及行之有效的举措手段。

（4）重视文化传承以及创新发展二者之间的平衡关系。在实际的操作过程中，中国日益着重于在协同发展的进程里妥善处理保护与利用、传承与创新这两者间的关系。其一，着重强调要尊重非遗本身，对其核心技艺以及文化内涵加以保护；其二，大力鼓励在传承的基础之上开展创造性的转化以及创新性的发展工作，促使非遗能够融入现代生活中来，进而绽放出全新的时代光彩。“两创”方针的提出并且付诸实践，为非遗工坊与文旅综合体的协同发展明确了方向。

非遗工坊和文旅综合体相互协同，这在新时代的背景之下，是推动非遗活态传承以及文旅深度融合的一条重要实践途径。该协同模式是以产业集群、共生理论、体验经济还有文化创意产业理论当作基础来开展的，其借助资源整合、功能互补、市场拓展以及创新驱动等一系列机制来发挥相应的作用，具备推动非遗活态传承、提升文旅融合的质量、推动地方经济发展以及弘扬中华优秀传统文化等诸多当代价值。在实际的操作过程当中，出现了嵌入式、平台式、网络式、一体化等多种不同的协同类型，并且还在产品服务、体验模式、技术应用以及商业模式等多个方面不断地进行着创新尝试。协同发展当下依旧面临着文化本真性与商业化之间如何平衡、利益分配方面的难题、人才较为匮乏的情况以及同质化竞争等诸多挑战。

在中国，凭借着政府的引导、市场的运作、对乡村振兴给予助力以及在传承与创新之间寻求平衡等方面，积累下了颇为宝贵的实践经验。数字化赋能、体验化沉浸化发展、主题化品牌化打造以及跨界融合将会成为协同发展的重要发展趋势。要达成高质量的协同发展这一目标，就需要进一步强化顶层设计工作、完善协同治理的相关举措、着力培养复合型人才、鼓励持续不断的创新行为，不断地去探索非遗工坊与文旅综合体协同的新路径以及新模式，以此为非遗的保护传承以及文旅产业的升级换代注入源源不断的持久动力，更好地满足人民群众日益增长的对于美好生活的向往需求，进而为文化强国的建设贡献出自己的一份力量。

第四节　节庆活动的文化转化与旅游植入策略

节庆活动属于非物质文化遗产里极为重要的部分，它蕴含着丰富多样的历史记忆、文化符号以及社会功能，可称作民族文化基因的关键载体。在文旅融合这样的时代大背景之下，节庆活动已然不只是非遗保护传承的重要场所，同时也变成了旅游目的地塑造自身形象、吸引游客前来、提升游客体验的重要因素。怎样在维持节庆活动文化本真性的前提下，达成其创造性转化以及创新性发展，把文化价值转变成旅游吸引力，这无疑成为非遗保护和文旅融合协同发展的关键议题之一。

一、节庆活动文化转化的理论基础与价值内涵

节庆活动文化转化的理论根基，大多是从文化资本理论、文化生态学理论、体验经济理论以及文化创意产业理论等方面衍生出来的。文化资本理论秉持这样的观点，即文化资源经由恰当的转化途径，是能够变成具备经济价值的那种资本形态的。节庆活动算得上是极为重要的一种文化资源，它所蕴含的诸如符号、仪式、技艺等诸多元素，完全是可以转化为旅游方面的吸引物以及消费的对象的。文化生态学理论着重指出文化要素和环境二者之间存在着的互动关联。节庆活动在展开文化转化这一过程的时候，务必要对其所处的社会环境状况、经济条件情况以及文化语境方面予以考量，要在维持文化生态平衡状态的基础之上达成创新发展的目标。

节庆活动属于非遗范畴内的一种重要类型，其文化转化呈现出特殊的复杂情况。一方面，节庆活动往往有着较强的时空方面的特性以及仪式方面的特点，它和特定的历史背景、地理环境还有社会结构之间存在着极为紧密的关联。另一方面，节庆活动常常是集体形式的文化实践活动，其中涉及多元主体的参与以及相互之间的互动。所以说，它的文化转化在进行的时候，必须着重去关注整体性保护以及系统性思考这两个方面，既得维持节庆活动所具有的文化内核以及精神实质，同时也要契合现代社会的实际需求以及发展趋势。

二、节庆活动旅游植入的路径与模式创新

节庆活动旅游植入指的是把旅游方面的元素、产品、服务以及体

验融入传统的节庆活动里面，或者把节庆活动当作旅游吸引物还有体验内容纳入旅游系统当中，达成二者有机融合且能够互利共生的状态。依据植入的方式以及融合的程度存在不同情况，节庆活动旅游植入主要呈现出如下几种路径以及模式。

（1）“节庆主导型”旅游植入模式。此模式把传统节庆活动当作核心所在，一边维持着它的文化本真性以及仪式完整性，一边适当地增添一些旅游服务与体验环节，进而让节庆活动能够变成旅游目的地独具特色的吸引物。

（2）“旅游驱动型”节庆创新模式。此模式依据旅游发展的实际需求，针对传统节庆活动展开富有创造性的改造操作，或者进行颇具创新意义的设计工作，进而打造出带有十分鲜明文化特色并且具备较强旅游吸引力的全新节庆产品。

（3）“融合共生型”节庆旅游模式。此模式着重于节庆文化同旅游产业的深度融合以及彼此间的互动共生，借助系统性的规划以及整体

节庆主导型旅游植入北京通州大运河新春游园会

性的设计方式，把节庆活动归入旅游目的地的整体形象以及产品体系当中，进而营造出“以节庆促进旅游发展、依靠旅游彰显节庆特色”这样的良性互动局面。

（4）“数字赋能型”节庆旅游模式。此模式借助数字技术、新媒体平台以及智能应用，拓展节庆活动在时空维度上的广度以及体验方式的多样性，创造出虚实相互融合且线上线下能够互动的全新节庆旅游体验，比如运用VR/AR技术重现传统节庆场景，凭借直播平台拓宽节庆活动的传播范围，利用数字互动装置强化游客的参与感等。这种模式的优势在于可突破时空方面的限制，提高体验感以及互动性，不过也要留意技术应用和文化内涵要有机地结合起来，防止出现技术形式比文化内容更为突出的倾向。

三、节庆活动文旅融合的创新机制与挑战应对

节庆活动文旅融合的创新机制重点呈现于产品创新、体验创新、营销创新以及管理创新这四个层面。其中，产品创新构成了节庆活动文旅融合的根基所在。通过针对节庆活动里的文化元素、仪式程序还有表演形式等方面展开富有创造性的转化操作，进而打造出那些兼具文化深度并且具备市场吸引力的节庆旅游产品来。

体验创新在节庆活动文旅融合方面占据着极为关键的地位。借助精心设计出多层次且多维度的参与体验形式，能够切实提升游客身处其中时所感受到的沉浸感以及内心的满意度。传统节庆活动通常都具备相当强的仪式特性与参与属性，这就自然而然地为其打造出沉浸式的旅游体验赋予了得天独厚的优势条件。近些年来，“非遗+沉浸式旅游”已然发展成为备受关注的热点所在。通过着力营造特定场景、开展角色扮演活动以及鼓励互动参与等多种方式手段，可促使游客从原本单纯的旁观者身份转变成积极主动的参与者，进而让他们能够更为深切地去体验节庆活动所蕴含的文化魅力。

营销创新在节庆活动文旅融合方面起到了推动作用，凭借创新营销理念以及手段，能够提升节庆活动所具有的影响力与吸引力。其一，运用IP思维去打造节庆品牌，借助系统的视觉识别系统、故事叙事体系以及情感连接策略，以此来增强节庆活动的识别度以及忠诚度。其二，借助新媒体平台以及数字技术，拓展节庆活动的传播渠道与方式，像短视频营销、直播带货、社交媒体互动等，借此可扩大受众范围以及影响力。

管理创新充当着节庆活动文旅融合的有力保障，借助对管理体制以及运行机制加以创新的方式，能够提升节庆活动在组织方面的效率，同时也增强其可持续性。传统节庆活动往往是由政府来主导或者依靠社区自发去组织，在市场化以及专业化程度这两方面都存在着一定的欠缺之处。要创新管理机制，就得去探寻一种由政府给予引导、市场负责运作并且让社会广泛参与进来的多元协同模式，需清晰界定各方所应承担的权责，并且构建起科学合理的决策机制、执行机制以及评估机制。

节庆活动文旅融合在实际操作当中碰到了不少难题。其一，文化本真性和商业化的平衡问题比较棘手。要是过度商业化，那么节庆活动所蕴含的文化内涵就有可能被冲淡，原本具备的仪式感以及神圣性也会遭受消解，最后极有可能变成只是表面化且娱乐化的旅游产品而已。其二，传承主体和游客需求之间的协调问题同样不容忽视。节庆活动的主要传承者还有参与者通常是当地的社区居民，他们自身所具有的文化需求以及表达方式跟游客的期待往往存在着一定的差异，怎样在满足游客体验需求之际还能够尊重传承主体的文化权益，这无疑是一个需要极为谨慎去处理的问题。其三，季节性和可持续性之间存在矛盾。传统节庆活动一般都有固定的时间以及周期，如此一来，旅游接待就会呈现出十分显著的季节性波动情况，这对旅游业的稳定发展以及资源的高效利用都是极为不利的。除此之外，节庆活动规模的不断扩大以及游客数量的不断增加，或许还会带来环境方面的压力、文化层面的冲击以及社会领域的矛盾等一系列问题。

应对这些挑战，需采取系统性策略与措施。首先坚持文化引领，把文化价值置于首位，建立节庆活动文化保护评估机制，明确保护红线及底线，保证文旅融合不会损害节庆活动的文化本真性与完整性。其次强化社区参与，保障传承主体权益，建立社区参与的决策机制与利益分享机制，使当地居民真正成为节庆活动文旅融合的主体以及受益者。再者创新时空布局，破解季节性困境，通过延长节庆活动时间周期，开发常态化的节庆文化体验项目，或者将不同季节的节庆活动串联成旅游线路，降低季节性波动影响。最后加强能力建设，提升专业水平，培养既懂文化又懂旅游的复合型人才，提高节庆活动策划、组织、营销以及管理的专业化水平。

四、节庆活动文旅融合的优化路径

中国在推动节庆活动文化转化以及旅游植入这件事上，积累了不少实践经验，也走出了一条带有中国特色的发展路径。一开始，政府引导还有政策支持起到了十分关键的作用。从中央层面一直到地方层面，各级政府都把非遗保护以及文旅融合当作极为重要的事情来抓，相继出台了一系列的规划、政策以及指导意见，给节庆活动的文化转化和旅游植入给予了制度方面的保障以及政策层面的支持。多元主体协同参与最终形成了一股强大的合力。在实际操作当中，政府部门、文化机构、旅游企业、社会组织、传承人群体以及社区居民等这些多元主体一同参与到节庆活动的保护工作、传承事宜以及创新举措当中，由此营造出了一种多方协同配合、各自优势互补的良好局面。比如说，文化和旅游部非物质文化遗产司同中国旅游报社携手合作，连续好几年都在评选“非遗与旅游融合优秀案例”，通过这种方式来推广那些先进的经验，进而引导整个行业朝着更好的方向发展。这样一种由多元主体协同参与的机制，一方面保障了节庆活动所具有的文化真实性，另一方面也使得旅游开发的专业水准得以提升，同时还增强了其在市场当中的适应能力。

创新实践和典型示范是相互促进的关系。各地在节庆活动与文旅融合这件事上展开了颇为大胆的探索，并且开展了创新实践，由此产生了一批有着示范作用的典型案例。湖南长沙的雨花非遗馆，出了“非遗+”的活态传承发展模式，借助社会化的策划以及运营手段，搭建起一个具备非遗传承与传播双重功能的平台，同时这个平台还兼顾了本地居民的文化消费需求以及外地游客的体验感受，最终形成了一个综合性的平台。

伴随着数字技术不断发展且广泛地得以应用，节庆活动在文化方

湖南长沙雨花非遗馆

面的转化以及旅游方面的植入都获取了全新的发展动力以及可拓展的空间。数字技术并非仅仅被用于节庆活动的记录保存以及展示传播这些方面，它还在创意设计环节、互动体验环节以及营销推广等诸多环节都有所应用，如此一来便极大地提升了节庆活动所具有的吸引力以及影响力。就像有些地区借助AR/VR技术将传统节庆场景重现出来，凭借数字互动装置强化游客的参与感受，并且利用直播平台去拓宽节庆活动能够传播的范围，最终收获了不错的成效。

未来，节庆活动与文旅融合会呈现出如下一些发展趋势：其一，是深度体验化这一趋势。随着旅游消费不断升级以及文化需求逐步提升起来，游客对于节庆活动所具有的体验需求将会发生转变，即从原本的观光型转变为参与型，从浅层次转向深层次。如此一来，那种沉浸式的、能够进行互动的以及个性化的节庆体验就会慢慢变成主流形式。其二，是全域旅游化这样的趋势。节庆活动不会再仅仅被限定在特定的某个场所或者特定的时间段里了，而是会融入目的地所构建的全域旅游发展这样一个整体格局当中去。它会和景区、乡村、社区以及商业等诸多不同的空间形态相互结合起来，进而达成时空方面的延展以及价值层面的提升。其三，是数字智能化的趋势。像5G、大数据、人工智能以及元宇宙等一系列新技术会在节庆活动的诸多环节得到更为广泛地运用，比如创意设计环节、场景营造环节、互动体验环节以及营销推广环节等。通过这些技术的应用，能够创造出一种虚实相互结合、线上与线下能够互动起来的新型节庆旅游体验形式。其四，是跨界融合化这一趋势。节庆活动将会和教育、健康、体育以及农业等多个不同领域展开深度融合，由此便会催生出诸如研学旅行、康养旅游、体育赛事以及乡村振兴等一系列全新的业态以及新的模式。如此一来，就能够进一步拓展相关方面的发展空间，并且让人们的想象力也得以延伸。

节庆活动属于非物质文化遗产的关键部分，在文旅融合这样的时代大背景之下，其文化转化以及旅游植入，一方面是保护传承方面必不可少的要求，另一方面也是实现创新发展的一条重要途径。这一节会从理论基础还有价值内涵、路径以及模式方面的创新、创新机制以及对挑战的应对、中国的经验以及未来的趋势这四个不同的维度出发，较为全面且细致地去探讨节庆活动文化转化和旅游植入的协同机制。

第五节　教育研学背景下的非遗活态传承路径

非物质文化遗产属于中华优秀传统文化中的重要部分，其承载着民族的记忆以及文化基因，是构建文化自信的关键支撑。不过，伴随现代化进程不断加快以及生活方式出现变化，非遗传承遇到了诸如传承主体呈现老龄化、传承环境产生改变、传承方式较为单一等不少挑战。在这样的情况之下，教育研学作为一种将教育性和体验性相结合的新型学习方式，给非遗活态传承开拓出了创新的途径。

一、教育研学与非遗活态传承的理论基础与价值内涵

教育研学同非遗活态传承的融合实践是建立在多种多样的理论基础之上的。其一，体验式学习理论给这一融合给予了方法论层面的有力支撑。教育研学是借助让学习者亲身参与到非遗实践活动当中，以此达成对知识、技能以及情感的整体获取。其二，文化生态学理论为非遗活态传承赋予了整体性的观察视角。该理论指出，文化要素和其所处的环境共同构成一个有机的整体，非遗的传承绝不能脱离其赖以生存的社会文化生态系统。教育研学通过把学习者引入非遗的原生环境，让他们去理解非遗与社区、环境、生活方式之间存在的内在关联，这有利于开展整体性的保护以及系统的传承工作。其三，建构主义学

习理论着重于学习者在社会文化情境里主动构建知识的过程。在教育研学活动期间，学习者并不是处于被动地接受非遗知识的状态，而是凭借观察、体验、反思以及创造等一系列行为，主动构建起对非遗的理解与认同。

教育研学和非遗活态传承相互融合，呈现出双向互促的特性。其一，教育研学给非遗活态传承开辟了全新的路径，带来了新的方法，对于传承出现断层、传承方式较为单一等状况，能起到一定的解决作用。其二，非遗给教育研学赋予了丰富的内容，营造了多样的场景，使得研学活动在文化层面更有深度，在教育方面更有价值。

非遗与研学旅行相互融合，能够拓宽素质教育的途径，提升学生的审美能力，比如说学生在对传统戏剧、版画展开鉴赏的时候，能够领会多种多样的色彩搭配技巧以及不同的审美风格，进而培育自身的艺术鉴赏能力。这样一种双向互促的关系，让教育研学与非遗活态传承的融合有着十足的内生动力以及广阔的发展潜力。

二、教育研学驱动下非遗活态传承的实践路径与模式创新

教育研学驱动下的非遗活态传承有着多元化的实践路径以及模式方面的创新。依据教育主体、传承内容以及实施方式存在的差异，大体上能够归纳出如下几种典型的路径。

（一）“课程融入型”非遗传承路径

此路径把非遗元素、相关知识以及技艺融入学校课程体系当中，借助系统且规范的教育教学活动，达成非遗知识的传授目的以及技能方面的培养目标。其具体形式涵盖多个方面：一是开发具有非遗特色的校本课程，就好比浙江省湖州市长兴县实验小学所开发的《长兴花鼓灯》校本课程，把当地属于国家级非遗项目的花鼓灯的历史、表演形式、音乐特点等诸多内容予以系统化处理，进而形成了一套从低年级逐步过渡到高年级的递进式课程体系；二是要把非遗元素融入学科

教学里面，以此来丰富学科内容，提升教学的趣味性；三是开展以非遗为主题的综合实践活动，让学生能够在跨学科以及跨领域的实践过程当中对非遗文化有较为全面的认识。这种路径有着系统性强以及覆盖面广的优势，能够给学生带来持续且深入的非遗学习体验，然而在课程资源开发、师资培训等方面同样面临着不少的挑战。

（二）“体验沉浸型”的非遗传承路径

此路径着重指出需经由亲身去体验以及置身特定情境之中沉浸其中，从而使得学习者可直接体悟到非遗所具有的魅力以及其内在的价值。其具体呈现的形式涵盖了：其一，非遗工坊方面的体验，就好比江西景德镇古窑民俗博览区所设立的陶瓷工艺体验中心，该中心能让学生亲自动手制作陶瓷，进而切身感受到传统制瓷工艺那精妙无比之

非遗主题的研学旅行先农坛——(北京古代建筑博物馆)

处；其二，非遗传承人来到校园当中，也就是邀请非遗传承人进入学校里，借助展示、讲解还有互动等方式，促使学生能够近距离地接触到非遗传承人，以此来感受非遗所散发出来的人文方面的魅力；其三，开展非遗主题的研学旅行，组织学生前往非遗的原生之地或者专门用于展示的场所，凭借实地去考察、实际参与体验式的学习以及开展文化交流等活动，全方位且深入地去了解非遗所处的文化背景以及它在社会层面所具有的价值。比如，承德市所开发出来的满族非遗研学产品，把满族剪纸、刺绣、说唱等一系列非遗项目都融入了研学的线路之中，这样一来，学生在游览避暑山庄的时候，便能够同时体验到满族的传统文化。这种路径所具备的优势就在于它的体验感极为强烈，留给人的印象也颇为深刻，能够在很大程度上激发起学习者内心的浓厚兴趣以及情感上的共鸣，不过同时也得留意到体验活动应当具备一定的教育意义以及整体的系统性，要防止出现仅仅流于表面的形式主义或者是变得过于娱乐化的情况。

（三）“社区参与型”非遗传承路径

此路径着重于学校和社区展开协同合作，借助社区资源整合以及多方积极参与，去构建起开放式且生态化的非遗传承环境。其具体形式有：一方面要建立起校社合作机制，让学校同社区文化机构、非遗保护单位构建起长期的合作关系，一同去开发非遗教育资源，开展非遗传承相关活动；另一方面需要组织社区非遗调查，引导学生走向社区，凭借访谈、观察、记录等多种方式来调查社区非遗资源，参与到非遗保护工作当中；再者可举办社区非遗展演活动，像非遗文化节、非遗展示会这类活动，从而给学生提供展示以及交流的平台，强化社区文化认同感。

（四）“数字赋能型”非遗传承途径

该路径借助数字技术以及新媒体平台来拓展非遗传承所涉及的时

空维度以及其呈现的形式。具体来讲，其包含如下几种形式：其一，去开发非遗数字教育资源，像非遗数字课程、非遗VR/AR体验项目以及非遗数字博物馆等，以此让学生能够借助数字化的方式去学习非遗方面的知识；其二，利用新媒体平台来传播非遗文化，比如短视频、直播以及社交媒体等，从而进一步扩大非遗所具有的影响力以及传播的范围；其三，开展非遗数字创意活动，引导学生运用数字技术针对非遗展开创新性的表达以及再创造工作，像非遗主题动画、非遗数字艺术等。

不同种类的非遗项目适宜不一样的传承途径。就比如说，像戏曲、音乐、舞蹈这类表演类非遗，采取课程融入以及体验沉浸的方式来传承是比较契合的；而像陶瓷、刺绣、剪纸这类工艺类非遗，则是借助工坊体验还有社区参与的方式来传承更为合适；像民俗活动、传统节日这类节庆类非遗，运用社区参与以及数字赋能的方式来传承是比较妥当的。所以，在实际的操作过程中，得依据非遗所具有的类型特点以及地方的具体情况，去挑选与之相适配的传承途径以及模式，进而达成精准传承并且切实有效地加以保护的目的。

三、教育研学与非遗活态传承融合的创新机制与挑战应对

教育研学和非遗活态传承融合发展的过程里，得建立并完善与之相应的创新机制，如此才能应对实际操作中碰到的各种各样的挑战。从系统的角度来讲，这些创新机制重点包含资源整合方面的机制、人才培养方面的机制、评价反馈方面的机制以及可持续发展方面的机制。

教育研学同非遗活态传承的融合实践，同样面临着不少挑战。其中，传承内容和教育需求之间的适配性问题便是一个不小的挑战。非遗属于历史文化遗产范畴，它的内容、呈现形式以及所蕴含的价值观念，有可能与现代教育理念以及学生实际需求之间存在一定的差距。

比如说，某些传统工艺技法较为复杂，且制作周期较长，在有限的课时安排下是很难完成的；还有一部分民俗活动里面包含了宗教信仰或者带有迷信色彩的内容，这就需要对其进行适当的筛选与转化处理。面对这样的挑战，有必要针对非遗内容展开教育化的加工处理工作，依据不同年龄段学生各自的认知特点以及学习需求，对非遗知识予以重新组合与简化处理，进而设计出呈递进式且有层次区分的教学内容以及相关活动。因此还要着重去挖掘非遗所具有的当代价值以及教育方面的意义，把传统文化和现代生活、现代科技相互结合起来，以此来强化非遗的时代感并提升其吸引力。

再者便是师资队伍同专业能力相匹配方面所面临的挑战。多数学校的教师普遍缺失非遗方面的专业知识以及相关技能，而非遗传承人同样存在欠缺教育教学能力的情况，如此一来便致使非遗教育的质量难以达到理想状态。要想应对这一挑战，那就得强化针对教师的培训以及推动其专业发展进程，借助专题培训、举办工作坊、开展师徒结对等途径，促使教师在非遗知识层面的水平得以提升，同时也让他们的教学能力有所增强。故此还需给非遗传承人给予教育教学方面的培训，以此提升他们在教学设计、课堂组织以及学生管理等方面的能力。除此之外，亦可构建起“教师+传承人”这样的协同教学模式，充分挖掘并发挥双方各自所具备的优势，进而促使教学效果得以提高。

还有传承形式与传统方式协调方面的挑战。传统非遗传承大多采用口传心授、师徒相传的形式，注重长时间的熏陶以及实践体验，现代教育研学活动常常时间较短且形式多样，或许很难充分理解并掌握非遗的精粹。面对这一挑战，得创新传承形式，把传统传承方式同现代教育方法融合起来，比如将师徒制和项目式学习相结合、把口传心授与数字化记录相结合、让长期浸润与阶段性体验相结合等，因此要着重构建长效机制，借助建立非遗传承基地、非遗社团、非遗工作室等方式，给学生提供持续学习以及深入实践的契机。

非遗传承还遭遇着评价体系以及传承效果在科学性方面的诸多挑战。对于非遗传承效果加以评价时，其涉及的维度颇为多样，像知识层面、技能层面、态度层面以及价值观层面等等，绝非能够凭借简单的量化指标便能轻易衡量得了的。要想应对这样的挑战，那就得去着手建立起一套多元且科学的评价体系，并且要充分综合地运用定量以及定性这两种不同的方法，从认知维度、技能维度、情感维度以及创新维度等诸多方面来对学生的学习成效展开评价。与此还得重视其过程性评价以及长期的跟踪工作，对学生在非遗学习进程当中的成长变化情况以及所产生的长期影响给予足够的关注。除此之外，亦可考虑引入社会方面的评价以及市场的反馈情况，借助作品展示、各类比赛以及市场销售等种种方式，以此来对非遗传承的实际效果予以检验。

四、教育研学驱动下非遗活态传承的优化路径

中国在推进教育研学和非遗活态传承相互融合这件事上，积累了不少实践经验，也摸索出了一条带有中国特色的发展道路。

（一）政府引导与政策支持发挥了关键作用

从中央层面一直到地方层面，各级政府对于非遗教育工作给予了极高的重视程度，相继制定并出台了诸多政策文件以及相关指导意见。就好比《关于实施中华优秀传统文化传承发展工程的意见》指出，需要将中华优秀传统文化全面且深入地融入学校教育各个环节当中；而《“十四五”非物质文化遗产保护规划》则着重强调要积极推动非遗走进校园、走进社区、走进景区，以此来进一步拓展非遗传播所能涉及的范围。这些政策给教育研学和非遗活态传承的相互融合给予了制度方面的有力保障，同时也为其指明了前行的方向。

（二）多元主体协同参与形成了合力

在实际操作过程中，政府部门、教育机构、文化单位、非遗传承人以及社会组织等诸多不同主体一同参与到非遗教育相关工作中来，由此便形成了一种多方协同配合、各自优势相互补充的较为不错的局面。就好比说，文化和旅游部非物质文化遗产司与中国青年网携手开展合作，接连不断地举办“非遗进校园”优秀实践案例方面的评选活动，通过这种方式来推广那些较为先进的经验做法，进而对行业的发展起到引导作用。这样一种由多元主体协同参与其中的机制，一方面能够保障非遗教育具备专业性，另一方面也能够让教育活动在丰富性以及吸引力这两个方面都得到相应的提升。

（三）创新实践与典型示范相互促进

各地针对教育研学与非遗活态传承融合一事展开了颇为大胆的探索活动以及富有创新性的实践举措，由此催生出一批颇具示范价值的典型实例。就好比浙江省杭州市余杭区推行的“非遗进校园”工程，其借助建立非遗传习所、开发校本课程、组织开展研学活动等一系列不同形式，把当地的丝绸、茶文化以及南宋官窑等非遗项目融入学校教育当中，进而形成了一种“一校一品”的非遗教育独特风貌。这些成功的案例能够为其他地区给予有益的参考，促使非遗教育的整体水准得以提升。

（四）数字技术赋能拓展了发展空间

随着数字技术不断发展且应用范围越来越广，非遗教育有了新的助力，也有了更多发展的可能性。数字技术在非遗方面可大展身手，它不光能用于非遗的记录、保存以及展示、传播这些工作，还能在教学设计环节、互动体验环节以及评价反馈环节等处发挥作用，如此一来，非遗教育的吸引力以及实际效果都得到了不小的提升。就好比贵州省黔东南苗族侗族自治州，借助虚拟现实/增强现实（VR/AR）技术打造出苗绣、侗锦这类非遗的数字教学资源，经由虚拟体验以及互动学习的方式，能让学生对非遗技艺的制作流程以及其中蕴含的文化内涵有较为深入的认识。

展望未来，由教育研学所驱动的非遗活态传承，将会呈现出如下几种发展趋势：其一，是系统化的发展趋势。非遗教育会从原本较为零散的各项活动逐步转变为更为系统化的课程体系，进而形成从幼儿园一直到大学这样完整的教育链条，构建起一个能够让知识、技能、情感以及价值观都能够得到全面发展的教育体系。其二，是专业化的趋向。非遗教育会从单纯的兴趣普及阶段朝着专业的培养方向去转变，借助建立非遗专业、非遗学院等方式，培育出具备专业素养以及创新能力的非遗传承人才。其三，是数字化的趋势。非遗教育会在更大程度上运用数字技术，凭借VR/AR、人工智能、大数据等各类技术手段，对教学方式进行创新，以此提升教学效果，同时让教育的覆盖面得以进一步扩大。其四，是产业化的趋势。非遗教育会和文化产业、旅游产业、创意产业等紧密融合起来，形成一个涵盖教育、研学、体验、消费等环节的一体化产业链条，促使文化价值与经济价值的统一。

第六章　非遗与文旅融合的创新模式与技术驱动

第一节　“非遗+数字文旅”沉浸式应用场景

在数字技术发展迅速的时期，非物质文化遗产和文旅产业的融合模式正发生着深层次的改变，其中像“非遗+数字文旅”这样的沉浸式体验场景，已然成为文化传承以及产业转化一同发展的新动力。这种融合方式不但扩展了非遗的展示范围以及传播途径，还给旅游消费赋予了文化内涵和技术活力，是促使文化旅游新范式产生的关键支撑。

一、“非遗 + 数字文旅”的概念框架与技术逻辑

“非遗+数字文旅”指的是凭借虚拟现实（VR）、增强现实（AR）、混合现实（MR）、全息影像、数字交互以及AI生成内容（AIGC）等一系列技术手段，把非物质文化遗产相关内容和数字化文旅场景加以深度融合，进而达成文化资源的沉浸式再现以及体验式传播。

就概念方面来讲，“非遗+数字文旅”不单单是媒介技术层面的一次革新，同时也是文化表达形式以及观众交互方式的转型。传统的非遗展示往往较多地依靠实物的静态陈列又或者表演式的再现，然而其在时间、空间以及观众感官参与的程度上都受到了限制。而当数字文旅融入其中之后，便突破了这些物理方面的界限，达成了“跨时间、跨空间、跨媒介”的沉浸式体验，进而让受众不再仅仅充当被动接受者的角色，反而成为参与建构的一方。

在技术逻辑方面，“非遗+数字文旅”所打造出的沉浸式应用场景有着如下几个关键路径：其一，针对文化资产展开数字建模操作，并且实现虚拟还原效果；其二，对非遗场景进行动态复刻处理，同时开展沉浸式设计工作；其三，着手搭建互动机制以及感知反馈系统；其

四，采集用户行为方面的数据，进而依据这些数据来实现内容的个性化推荐；其五，在AI驱动的作用下，完成非遗故事的智能演绎以及创意的拓展延伸。

二、沉浸式非遗场景的类型建构与实践路径

沉浸式非遗场景的构建并不是单一的模式，它依据非遗类型、技术条件、空间载体以及消费需求的不同情况，展现出多维度融合且类型各不相同的实践途径。

（一）数字仿真场域下的非遗工艺互动展演

就传统工艺类非遗而言，数字仿真技术能够把非遗的制作流程借助三维建模以及流程动画的方式完整地再现出来。就好比说，利用VR/AR来还原“蜀锦织造”的整个过程，在这个过程中，观众凭借体感设备能够模拟出穿梭于织机之中的场景，进而一步步完成挑线、染色、

北京大运河博物馆沉浸式展示

织纹等一系列的工艺流程。这样一种“第一人称视角”的模式，一方面提升了沉浸感与交互性，另一方面也激起了用户对于工艺细节的兴趣以及尊重，这无疑是一条能让非遗“由物入心”的行之有效的路径。

（二）非遗表演的虚拟剧场再现与远程沉浸观看

表演类的非遗项目，像昆曲、傩戏以及藏戏等，在往昔常常受到空间方面的诸多限制，其传播所能触及的范围也是颇为有限的。然而如今有了虚拟剧场以及360° 影像拍摄技术的助力，便能够把现场的演出实时地投射到用户的终端设备之上，再配合上空间音效以及VR装置，如此一来就能让观众收获近乎“身临其境”一般的观演感受了。除此之外，还可以引入诸如弹幕评论、剧情投票这类实时互动的机制，进而彻底打破传统的那种仅存在于“舞台与观众”之间的单向关系，促使观众和演员之间、观众与剧情之间建立起更为紧密且深刻的链接纽带。

（三）文化遗址与非遗资源融合的数字复原

以非遗与文化遗址当作核心资源，借助虚拟空间构建来达成历史场景的复原，这属于沉浸式数字文旅的一种重要表现形式。就好比在古村落开发进程里，把非遗建筑技艺（像土司吊脚楼、徽派木作等）拿来开展三维复刻操作，同时运用MR技术再现匠人施工的具体过程，进而营造出动态的“建筑+技艺+生活”综合性体验效果。然后再与导览系统、语音识别以及AI讲解服务相互结合起来，由此构建起一个“可听、可看、可触”的数字化非遗时空领域。

（四）游戏化设计中的非遗内容模块化嵌入

利用游戏引擎以及互动脚本机制，可以把非遗要素以模块化的形式植入文旅互动游戏里面，像角色装扮、任务道具、剧情设定等都可以源自非遗元素。就好比在“非遗探秘类”的文化RPG游戏当中，玩家得完成“剪纸任务”或者“蓝印花布染色关卡”，才能够进入下一个场景，如此一来，既能激发年轻人对于非遗的好奇心，又可以在不知不觉间达成对文化知识的吸收以及认同。

三、“非遗 + 数字文旅”沉浸式融合的价值优势

沉浸式应用场景能够收获热烈反响，究其原因，主要在于它于文化传承方面、产业推动层面以及公众教育等不同维度均凸显出了颇为显著的优势价值。

（一）重构非遗传播的媒介形态与体验逻辑

数字媒介已然冲破了传统非遗传播所固有的线性单向结构框架，达成了文化信息呈现出多层嵌套的状态，并且让体验路径能够实现自主选择这样的情况。观众可自主挑选观看的角度、确定参与的时间以及选定互动的模式，甚至在相应程度上还能够对非遗内容叙事加以“改写”，进而促使文化传播从原本的“告知—接受”模式转变为如今的“共创—共感”模式。这样一种“去中心化”的传播逻辑是契合当代受众的数字使用习惯以及文化消费心理的，同时也极大地拓展了非遗传播所具备的生命力以及其影响所及的圈层范围。

（二）推动文旅场景由“看热闹”向“入门道”转化

沉浸式非遗场景的关键之处在于能让观众有“身临其境”的感受，并且内心有所触动，其最终的价值体现在推动用户从单纯的“游客”身份逐步转变为“参与者”，甚至最终成为“传承者”。在数字沉浸的情境当中，非遗技艺不再仅仅是以一种遥不可及的方式呈现出来的技法展示，而是变成了用户能够亲身去体验、动手去尝试的“入门课程”。如此一来，便有助于提高大众对于非遗所蕴含文化的认同程度以及审美方面的理解水平，进而搭建起文化亲近感得以形成以及代际间传递能够实现的桥梁。

（三）助力非遗产业链条的价值延伸与经济转化

“非遗+数字文旅”并不是单纯的展示行为，它实际上是一个复合型的产业体系，这里面包含了内容生产、技术开发、平台运营以及文创转化等诸多不同的环节。凭借着沉浸式内容方面的设计，能够促使非遗IP朝着游戏、影视、文创以及教育等多个不同的领域去进行跨界拓展，进而达成从“文化资产”到“沉浸场景”再到“商业变现”这样一条完整的全链条流通路径。就好比说，依据“苗绣”相关的数字素材所开发出来的文创产品，是能够凭借虚拟试穿以及3D建模等手段来实现在线上的定制服务以及跨境的销售活动，如此一来便拓展了传统非遗在经济层面的边界以及其市场的容量。

四、沉浸式非遗场景发展中的瓶颈与破局路径

尽管“非遗+数字文旅”有着十分广阔的前景，然而在实际践行的过程中，依旧存在着诸如内容较为稀缺、技术方面存在壁垒以及用户留存情况欠佳等挑战，所以需要从如下几个不同的方面去努力突破这些阻碍。

（一）加强“非遗语境”的精准还原与本真表达

当下部分沉浸式场景呈现出“数字外壳+空洞文化”的状况，对非遗的社会语境以及文化脉络有所忽视。以后要强化针对非遗项目的田野调研工作，同时深入分析其民俗背景，在还原工艺流程期间同步展示技艺背后所蕴含的文化逻辑与精神内核。特别需要重视非遗传承人在内容策划方面的参与情况，促使技术表达能够和文化本源达成深度契合的状态。

（二）打破设备依赖、降低体验门槛

高昂的成本以及复杂的设备，使得沉浸式非遗场景在大众当中的普及受到了限制。应当积极推动借助移动终端以及轻量级技术来实现

内容的转化，比如把沉浸式体验转化为H5页面、微短剧、小游戏等不同的形式，并且依靠社交平台来进行传播，以此达成“微场景—大传播”这样的放大效果。与此还需强化“云游+云展+云演”融合体系的建设工作，进而构建起门槛较低、互动性较高的文化参与渠道。

（三）构建“沉浸体验—文创消费—内容再传播”闭环

若想让沉浸式非遗场景达成可持续发展的目标，那就得构建起一套以“内容+服务+社群”当作核心的运营机制。要秉持这样的思路去推进，一方面依靠线上平台不间断地去输出相关的体验内容，另一方面同步着手去开发和文创产品、数字藏品以及非遗课程等有关联的产品，以此来促使从体验环节能够顺利转化为消费行为；除此之外，还要凭借用户生成内容（UGC）来引导用户自发地展开传播活动以及在社群当中进行互动交流，进而让内容具备更强的“再生能力”，同时也能有效提升品牌的影响力。

“非遗+数字文旅”所营造出的沉浸式应用场景，已然对非遗的存在形式、传播途径以及消费形态产生了重塑作用。这样的融合模式一方面契合了新时代文化传播对于技术方面的需求，另一方面还给非遗保护以及产业转型带来了极具前沿性的参考样本。随着技术赋能程度持续加深，在此趋势之下，只有始终坚守文化原本的根源所在，把目光聚焦于用户的实际体验感受，并且进一步强化不同生态之间的联动关系，才能够切实达成“让文化传承在现代得以激活”以及“实现文旅融合的创新式跃迁”这两项目标。在未来的发展进程中，需要积极推动沉浸式非遗场景朝着多终端、多业态以及多主体协同协作的方向去演化，从而在数字构建的空间里赋予非遗文化一种能够持久延续的生命力。

第二节　非遗跨境融合与区域联动机制

在全球文化相互融合以及区域经济一体化进程不断提速的大背景之下，非遗已然成为文化身份极为重要的标识，并且它还是社会价值的一种凝结之物。当下，非遗正经历着从原本的本土保护逐步朝着跨境传播的方向去转变，与此其传承方式也正从地方层面迈向区域协同这样一个全新的转型阶段。在文旅融合所起到的驱动作用之下，非遗的跨境融合所呈现出来的不仅仅是文化产品以及服务方面的输出情况，更重要的是构建起一种建立在文化共识以及制度协同基础之上的联动机制，从而推动非遗资源能够在更为广阔的空间范围当中达成价值共享并且实现持续不断地更新与发展。

一、非遗跨境融合的现实基础与价值逻辑

非遗的跨境融合实则是一种文化输出的行为，同时也是一种依托于人类共同精神遗产所形成的文化互动模式。和传统的“文化走出去”有所区别，非遗的跨境传播着重突出“在地生根”以及“文化互惠”，而在这背后所蕴含的是国家软实力、文化认同机制还有区域合作网络等多方面的逻辑。

（一）从“文化传递”到“认同共建”的逻辑跃升

传统上，文化输出的路径常常呈现出“中心—边缘”这样的结构特点，着重于资源的单向式传播。不过在非遗这个领域当中，此种模式想要有效唤起受众内心的深层文化共鸣，着实存在着一定的难度。非遗的传播务必要立足于对本土文化给予尊重以及充分理解的基础之上，去构建起一种能够实现双向交流并且共同来建构的传播逻辑。只有通过在不同的文化语境里达成“再解释”以及“再生产”，非遗才能够切实地实现从物理边界朝着文化认同边界方向的突破。

（二）非遗跨境融合的地缘优势与政策契机

“跨境”并非仅仅指的是国际性，它还涵盖了跨省域、跨流域以及跨民族等诸多维度的联动情况。在“一带一路”、大湾区协同发展以及长三角一体化等国家所制定的战略框架之下，不同地区所拥有的非遗资源，在产业结构方面、市场需求方面以及文化谱系方面都存在着互补性，而这正好为区域协同打下了相应的基础。国家在政策层面持续不断地强化针对文化出口的扶持举措，给非遗的跨境合作提供了制度保障，以及资金方面的支持，进而推动其进入更为宽广的发展路径当中。

二、非遗跨境融合的典型路径与实践模式

非遗的跨境融合并不是一下子就能完成的，而是在政策导向、市场机制以及社会动员这三方面相互作用下慢慢演进的一个过程。当下在不少区域已然形成了一系列颇具代表性的实践路径，这些路径能够为构建联动机制给出可供参考的操作范本。

（一）以多边交流平台为依托的国际互动

这类路径把非遗技艺、表演以及节庆等内容作为核心，借助参与国际文化节、世博会还有非遗博览会等各类形式，达成非遗项目在跨国层面的展示以及文化交流的目的。就好比说，藏戏、花鼓戏以及傣族象脚鼓舞这些项目屡屡在国际文化交流的场合当中出现，进而构建起颇具代表性的民族形象以及国家文化意象。与此这样的互动还推动了非遗表演在语言适配方面、表达形式转化层面以及内容国际化方面的进展，让非遗能够在不同的语境之下获得新的生命力。

（二）以非遗资源为核心的区域协同开发

产业协作型路径着重凸显非遗作为文旅资源所具备的开发价值，借助区域资源加以整合以及产品展开协同的方式达成价值链的重新构

建。就好比“珠三角—东盟”这一区域之间，其以广绣当作代表的刺绣产业链合作模式，一方面推动了非遗技艺朝着标准化、商品化的方向发展，另一方面还凭借跨国设计团队和国际品牌的相互联动，成功打造出在国际市场有着一定认知度的文化创意产品。又比如，长江中游城市群围绕着“剪纸文化”来构建区域文旅联动品牌，进而实现文化输出以及区域旅游协同发展这两方面同步向前推进的局面。

（三）通过非遗课程输出与跨境研学实现认同植入

非遗的传播不能仅仅停留在表面展示，而是应当进一步融入教育体系以及知识生产机制当中。可以借助海外孔子学院、中外高校合作课程、国际青少年文化研学项目等不同形式，把中国非遗较为系统地嵌入对方的教育生态里，以此促使对方从“观看文化”逐步转变为“学习文化”。就像“京剧进校园”这个项目，在新加坡、日本等地都已经成功落地并开始实施了，这既提高了学生们的跨文化素养，同时也构建起了一种以“非遗为纽带”的全新教育外交形式。

三、非遗区域联动机制的系统构建路径

要达成非遗在区域层面的协同发展这一目标，得打破传统模式中那种被行政分割所局限、存在资源壁垒以及治理碎片化的情况，进而去构建起跨越区域、跨越部门并且跨越不同业态的协同运行机制。

（一）共建共享的政策协同平台

应当在国家文旅部给予的指导之下，由一些区域文化高地来牵头，去组建起“非遗区域协同发展联盟”，进而达成政策信息、项目资源、人才培训以及标准体系方面的互通与共享。这个平台能够依据区域非遗资源禀赋所存在的差异，去制定出具有差异性的协同策略。比如说，在沿海地区要着重于海洋文化类非遗的协同工作，而在内陆地区则要把焦点放在手工技艺类项目的产业延伸方面，以此来保证联

动机制能够做到因地制宜，并且让各个地区都能够充分发挥自身的优势。

（二）非遗资源数据库的跨域整合与信息联通

建设一个面向全国范围的“区域非遗资源数字平台”，借助大数据相关手段来达成资源目录、技艺谱系、代表性传承人以及传承场所等各类信息的全域性整合目标。要积极推动各个地区的非遗保护单位和文旅企业把资源进行数字化处理后上传至该平台，实现资源共享以及相互间的调取操作，以此方式打破数据孤岛的状况，进而实现“以数据换合作”的目的。这个平台还应当配备有AI推荐系统，该系统能够依据区域文化方面的特征以及市场的需求情况自动地去匹配合作机会以及传播路径，从而提升协同工作的效率。

（三）区域品牌体系的构建与联合运营

非遗区域联动不仅是资源共享，而且还是品牌协同，应当推动区域联手设立“非遗文旅协同品牌”，借助统一标识、统一推广语以及统一视觉体系，达成对外传播形象的一体化效果，比如可以在“徽风皖韵”“粤韵岭南”等已有的区域文化品牌基础之上，构建非遗子品牌体系，形成“总品牌+系列子品牌”的结构，以此来提升区域文化辨识度以及市场影响力。

（四）跨区域人才培养与交流机制的制度化

非遗的区域协同离不开专业人才的跨区域流动以及复合型能力的系统培养。应当积极推动构建以“区域非遗研究院”为核心的专业人才联盟，达成课程互认、学分共享以及项目联合指导的目标。因此要设立“区域非遗传承人流动机制”，鼓励传承人前往异地驻场交流，开展技艺互训活动，并且参与联合展演，借助互动来实现技能更新以及文化重构。

四、跨境融合与区域协同中的挑战与应对

在推动非遗跨境以及区域联动工作向前发展的过程当中，依旧面临着诸多具有结构性特点的挑战，这就需要从制度所遵循的逻辑、文化方面存在的伦理以及市场运行的机制等多个不同层面来展开系统的应对举措。

（一）文化错位风险与在地适应机制

非遗在跨境传播时，因语境差异，容易出现文化错位或者被误读的情况。要强化传播内容与语境的适配性以及文化翻译工作，可邀请当地的文化顾问参与到传播内容的设计环节当中。需建立起“驻地反馈机制”，在项目实施进程中，动态地去获取用户的反馈信息，依据反馈及时对表达方式进行调整，从而保证文化表达既不会过于“媚外”，也不会一味“固守”传统。

（二）区域壁垒制约与协同成本问题

地方政府于非遗开发方面有着颇为明显的利益界限，部分项目呈现出“本地优先”以及“排他式管理”的倾向，这无疑对区域协同的深入开展形成了阻碍。针对这一情况，应当由中央部门制定出清晰明确的“非遗协同激励政策”，把跨区域项目归入绩效考核以及财政激励所涉及的范畴当中，以此来引导各地实现“从竞争走向共建”的局面。

（三）市场导向下的文化内核弱化

在区域协同以及跨境输出这样的情况当中，部分非遗项目很容易因为去迎合市场的需求，从而出现脱离自身文化根基的现象。针对这一状况应当建立起一套“文化质量审查机制”，专门针对那些要进入协同平台的非遗项目展开文化内容方面的审核工作，以此来保证这些项目在整个传播的过程里面能够始终保留住自身的价值内核以及精神层面的表达，防止出现“形式漂移”或者“符号消费”倾向。

非遗的跨境融合以及区域联动机制，是达成文化传承走向现代

化、产业体系形成集群化并且社会认同实现国际化这样一种战略途径。在全新的全球文化格局以及区域协同框架之中，只有借助系统设计、制度方面的创新还有对于文化的尊重，才能够使得非遗在更为广袤的空间里绽放出那种经久不衰且历久弥新的生命力。在未来，非遗联动不能仅仅停留在“走出去”以及“联起来”这样的层面，而是应当进入“融进去”以及“生长起来”这种更为深度的共建阶段，在文化共生、产业共赢以及人文互信当中一道构建起面向未来所存在的文化命运共同体。

第三节　非遗授权开发与文创产品设计逻辑

随着文旅融合战略不断推进，非物质文化遗产保护实践逐渐从静态保护转向动态利用,“授权开发”作为连接文化资产和市场机制的关键枢纽，正逐步变成非遗现代活化的重要机制。在此情形下，基于非遗授权的文创产品设计肩负着传播文化以及创造产业价值的双重目标，还成为推动非遗“活态传承—创意转化—产业植入”的完整路径。怎样在合法合规条件下达成非遗文化的创新表达并引发市场共鸣，已然成为非遗文旅融合领域里的关键问题。

一、非遗授权开发的核心内涵与现实背景

非遗授权具体指的是，在严格遵守相关法律法规以及非遗保护制度的前提下，由非遗项目的持有主体（一般来讲是政府主管部门或者非遗代表性传承人）把其文化资产的部分使用权依照法律授予给企业或者个人，从而让他们能够开展再设计、再创作抑或进行市场转化等相关行为。这一机制一方面要对非遗文化的原真性以及精神属性予以维护，另一方面还需要去激发市场机制所具有的创新活力，进而达成文化资源的制度化流通以及可持续开发的目标。

（一）从非遗保护向非遗开发的政策演进

近年来，国家接连出台了《关于进一步加强非物质文化遗产保护工作的意见》、《关于推动文化产业与旅游产业融合发展的指导意见》等一系列文件。这些文件都清楚地指出，需要去“探索非遗资源的合理开发路径，并且促使文创产品和非遗资源能够实现深度融合”。过去针对非遗的“活化利用”在政策上存在空白情况，而现在正逐渐朝着有制度保障的方向发展，其授权开发作为一种实践途径，也日趋变得更为规范且规模越来越大。这一方面反映出文化治理理念发生了转变，另一方面也体现出非遗价值表达正经历着从“封闭保存”到“开放参与”的结构性改变。

“国潮”文化的代表——北京绢人

（二）非遗授权开发的现实动力与市场基础

从市场方面来看，伴随着“国潮”文化的兴起，消费者的审美逐渐回归本土，对于文化认同的需求也在一天天变得更强，于是非遗元素在各类消费品之中的渗透率持续呈上升态势，像景德镇陶瓷、苗绣布艺以及年画文具这类产品，已然成为新一代文化消费当中颇受欢迎的选择。与之相应地，文旅融合所催生出来的“IP经济”“情绪价值经济”等全新的消费模式，同样给非遗授权开发给予了实践的场域，并且也为其提供了转化的机会。授权开发并非单纯的“文化附加”，它已然成为“内容核心”，并且还是构建非遗价值链的起始点所在。

二、非遗授权开发的逻辑结构与关键环节

非遗授权开发本质上是遵循非遗文化属性来构建制度规范、明确权属边界并达成价值转化的一个过程。其操作逻辑应当围绕“权利归属、授权方式、使用边界以及收益分配”这四个关键环节展开，进而形成一个完整的系统闭环。

（一）构建非遗资源管理的法理基础

非遗授权的首要前提在于清晰明确其权属关系。依据《中华人民共和国非物质文化遗产法》相关规定，像国家级、省级以及市级等不同级别的非遗项目，其管理权的主体分别是相应级别的文化主管部门，并且传承人还拥有该项目在传承实践活动中所涉及的“人格权”以及“创造性权利”。所以说，非遗授权得在“政府监管加上传承人参与”这样一个双重框架之下去完成，如此既能防止文化资源出现无序流失的情况，又能对传承人创作所产生的精神成果给予有效的保护。特别是在针对传承技艺展开再设计开发工作的时候，务必要明确地划分清楚原始文化内容和新增创意元素各自的权属边界。

（二）多元路径与灵活机制的制度化设计

在授权路径方面，当前实践当中主要涵盖独家授权、非独家授权、合作开发授权以及衍生授权等多种形式。独家授权比较适合那些拥有较强市场品牌潜力的代表性项目，如此一来便利于企业集中自身资源去着力打造出具有一定深度的产品链；而非独家授权则更适用于那种敏感度相对较低的普适性文化要素，如此能够方便多个主体同时加以使用，并且实现较为广泛的传播效果；至于合作开发模式，其着重强调的是“共创共享”这一理念，通常适用于高校、设计机构还有传承人共同携手参与的产品研发整个过程，在这个过程当中要将文化深度和市场创新这两者放在同等位置。授权机制务必要在合同文本、使用范围、时限设定以及收益归属等诸多方面做出细致且周全的安排，进而

构建起一个能够实现可控、可管并且可评的制度平台。

（三）构建可持续合作的激励体系

非遗授权开发务必要防止沦为“剥夺性开发”，应当构建起“收益共享、风险共担”的合作模式，在收益分配方面切实保障传承人群体能够实际获益，举例来讲，可以设立“文化再生产基金”或者“项目收益返还机制”，把部分授权利润用于技艺传承、培训给予支持以及社区文化发展。此还应当鼓励企业设立像“非遗授权开发奖学金”“传承工坊研发金”这类制度化的激励机制，达成授权开发和文化生态的正向互动。

三、文创产品设计中的非遗转化路径与表达逻辑

文创产品设计属于非遗授权开发的一个关键环节，其主要任务在于把非遗文化里的符号体系、技艺形式以及价值内涵转变成具备当代美学并且拥有市场潜力的产品样式。在这一过程当中，一方面要防止出现“表层挪用”的情况，另一方面还得防范“文化僵化”的状况发生，进而构建起“文化识别性、功能实用性以及审美感染力”这三维方面达成统一的创意逻辑。

（一）视觉符号的提取与系统化设计

非遗当中存在着数量众多的可视化符号，像纹样、色彩、结构以及构图等，这些符号有着很强的视觉识别特性以及文化辨识程度。在产品设计方面，需要借助系统性的符号分析来提取其中的核心母题，并且对其进行结构性的重组操作，从而让其既带有传统的韵味，又能契合现代的审美标准。就好比苗族银饰里的“龙纹”“鸟尾”“云雷”等元素，可以经过抽象化的处理以及几何化的加工，再嵌入珠宝、服饰、配饰等诸多品类的消费品里面，进而达成文化形象的再度生成以及视觉效果的全新呈现。

（二）文化意涵的内嵌与情感表达路径

文创产品有着双重身份，它既是物质方面的承载之物，又是情感层面的沟通渠道。设计人员须充分挖掘非遗所蕴含的神话传说、民俗仪式以及生活故事等内容，并把这些内容转变成品牌叙事以及情感价值。比如，把剪纸作品里“年年有余”“五谷丰登”这样的寓意，转化成文具、餐具、节日礼盒等方面的文化隐喻，通过情感唤醒的方式来促使消费者产生文化认同以及情感共鸣。与此依据生活节气、人生礼仪等不同的应用场景，达成文化价值和使用情境自然而然地融合在一起的效果。

（三）功能属性与日常生活的适配机制

设计最终要落实到实际使用层面，文创产品是否有生命力关键在于能不能真正走进消费者的日常生活当中。应当把非遗转变成“可用之物”，促使传统技艺和现代功能相结合。举例来讲，可将传统蓝印花布同现代吸湿透气布料相融合，去开发服饰以及家居产品；把景泰蓝工艺运用在数码产品壳体、文具套装等方面，进而形成“古法技艺+新材质+新场景”的产品体系。设计思路需要从“展示性产品”转变为“嵌入式产品”，切实达成“文化为用”的目的。

四、非遗文创产品开发中的风险识别与治理策略

（一）“文化空心化”倾向与失真风险

部分开发主体因商业方面的考量，过度对非遗内容予以简化以及符号化处理，致使文化内核出现丧失情况，表达也显得较为浅薄。针对这一状况，应当设立“非遗文创产品评审机制”，让由专家、传承人以及设计师所组成的复合评审团，去把控产品在文化准确性方面以及创意合理性方面的相关内容，以此来保证开发不会走向成为“文化摆设”以及陷入“图腾消费”的局面。

（二）知识产权争议与权属模糊问题

在授权开发的过程当中，因为非遗资源自身带有集体性、区域性以及历史性这样的特性，所以很容易引发关于权属方面的纠纷。可以考虑去推动建立起一个“非遗授权登记平台”以及“文创产品开发备案系统”，针对授权主体、使用范围还有成果形式等方面展开数字化的登记工作，进而构建起“谁开发、谁登记、谁负责”的这样一条责任链条。还要加大对于版权的保护力度以及给予维权方面的有力支持，以此来切实保障传承人以及开发方所拥有的合法权益。

（三）市场同质化与产品生命周期短的问题

存在大量“跟风开发”的情况，这使得非遗文创产品出现严重的同质化现象，进而让市场竞争陷入价格战以及形式战之中。可以考虑推动“差异化设计激励机制”，对于那些原创性较高、转化路径较为新颖且用户体验良好的项目，给予相应的政策以及资金方面的支持。要引导企业围绕“非遗+节日”“非遗+IP”“非遗+教育”等垂直细分领域来开展相关工作，构建起产品梯度以及周期迭代机制，以此提升非遗文创产品的持续生命力。

非遗授权开发以及文创产品设计，并非单纯地对文化加以再利用的过程，实际上是一次针对价值层面以及制度层面展开的深层次重构活动。只有在法理所构建的框架之下将权属关系明确清晰化，在设计所遵循的逻辑当中达成文化内核和生活应用之间的精准契合对接，在市场所形成的机制里面建立起既有激励作用又有约束功能的良性生态体系，才能切实有效地推动非遗文化达成“保护性开发”“创造性转化”“可持续传播”这三方面的有机统一状态。在文旅融合呈现出的广阔场景画面之中，非遗已然不再是单纯的文化遗产，其更是经过再度创作与再度认知之后所形成的当代意义上的表达形式，是能够走进公众日常生活并且融入未来产业发展当中的文化原动力所在。

第四节　非遗主题住宿与旅游空间再造

在当下文旅融合不断推进的大背景之下，旅游空间所具备的文化体验功能一天天变得愈加重要起来，传统“吃住行游购娱”这六大要素里面的“住”也不再仅仅只是基础的服务设施那么简单了，它逐渐演变成为承载文化的载体，并且还成了消费的核心所在。以非物质文化遗产当作核心要素来开展主题住宿方面的开发工作，同时对旅游空间进行再造，这已然成为非遗活化利用以及文旅深度融合的关键切入点。这样的发展趋势一方面重新塑造了传统住宿业在审美价值方面以及体验逻辑层面的各种情况，另一方面也推动着地方文化资源达成在空间表达、产业转化还有文化传播等多个方面的综合提升。

一、非遗主题住宿的内涵界定与发展逻辑

所谓“非遗主题住宿”，指的是把非物质文化遗产的视觉元素、工艺技艺、生活方式以及节俗内涵当作核心设计语言，凭借空间构造、服务内容、体验场景等方面展开系统性策划，进而打造出沉浸式、文化型且具差异性的住宿产品形态。其根本在于借助住宿空间把非遗从“展品”转变为“生活”，达成从“文化景观”到“生活空间”的功能转变。

（一）从住宿产品向文化场景的转型逻辑

传统住宿往往着重于其功能属性以及服务效率方面，然而非遗主题住宿却把文化体验当作核心所在，着重于在“住”这个过程里达成“看、学、感、悟”这样多种多样的交互效果。游客并非在空间当中进行休憩而已，而是在文化里面实实在在地生活着，并且在特定的场景之中全身心地沉浸其中。这样的转型使得住宿空间转变成了非遗表达的一个全新场域，成为文化传播的一个崭新平台，也变成了消费体验的一个全新入口，进而实现了对文化价值以及市场价值的双重赋能

作用。

（二）非遗主题住宿的文化机制与产业机制双重嵌套

非遗主题住宿的发展并不是单纯的文化工程，而是一个将设计美学、建筑语言、文创逻辑以及运营机制相互融合起来的复合系统。从文化机制的角度来讲，其着重强调非遗内容的真实程度、完整的程度以及所处的情境状况；就产业机制而言，它是依靠旅游产业链条来达成商业转化的，借助服务标准化、场景沉浸化以及产品多元化的手段，以此提高住宿的附加值以及用户的黏性，进而打通“文化—产品—服务”这一转化通道。

二、非遗主题住宿的空间营造路径与设计方法

要达成非遗和住宿空间的有效融合，得从营造整体空间这一点着手，把符号语言、行为路径还有情感机制当作主轴，去构建那种有着深厚文化内涵以及多维感官体验的空间体系。

（一）空间符号的文化编码与审美传达

空间属于非遗传达所处的视觉语境范畴，在此当中，其风格化的表达要想达成，必然少不了对非遗符号加以精准提取以及开展系统应用这两方面的工作。具体来讲，可以通过传统纹样、色彩体系以及材质工艺等方面来构建起文化识别度。就好比说，在一家以苗绣作为主题的民宿里面，提取出典型的花卉图案将其当作软装元素，并且运用手工刺绣帘布、自然染色床品以及银饰装饰灯具等来进行环境方面的布置，如此一来，既能展现出民族美学的特点，又能进一步强化用户对于文化的识别感以及沉浸感。

（二）行为路径的体验布局与场景串联

非遗主题住宿的空间设计需要突破传统那种“静态房间—公共区域”的结构模式，转而把“文化动线”当作组织的内在逻辑，并且嵌入

非遗技艺体验、互动展示以及沉浸演绎等功能区块。凭借“一入住便进入非遗场景”的设计理念，达成空间节奏不断推进、内容体验逐步加深的效果。就好比把传统酿酒、造纸、制香还有捏泥人等技艺分别设置在公共走廊、小庭院以及艺工坊当中，让游客在穿行其间的时候，能够完成从感知到参与、从欣赏到实践的行为转变。

（三）情感共鸣的文化场域构建与叙事延展

非遗主题住宿不能仅仅停留在“文化堆砌”层面，而要着力于构建文化故事、情感连接以及价值共鸣，从而使得住宿空间变成“有温度的文化场”。比如，可通过“非遗传承人故事墙”“家族记忆展示角”“节庆体验之夜”等不同形式，引导游客融入当地文化语境，进而建立起情感认同。借助场景叙事以及交互机制，促使非遗从“看得到”迈向“留得下”“讲得出”，以此来激发游客主动传播文化的内在动力。

三、非遗住宿空间再造的类型模式与实践路径

（一）以整体空间再利用为主的乡村非遗住宿

此模式把传统村落或者古民居当作载体，借助原址修缮、功能更新以及文化注入等一系列手段，达成非遗和乡村空间的深度融合。就好比浙江乌镇，在对传统水乡建筑展开修复工作期间，还引入了蓝印花布染坊、桑蚕丝工坊以及评弹书场等非遗场景，进而实现了住宿、文化、产业以及社区这四个方面的联动，让住宿空间变成了乡土文化的“再生引擎”。

（二）以小规模、强文化为特征的个性化住宿

此模式是以单栋建筑或者小型聚落当作单位，围绕着某一个非遗主题来展开系统性的打造工作。就好比在云南大理所打造的“白族扎染主题民宿”一样，其不单单是把扎染图案融入了外墙、床品以及陶

器等诸多物件当中，还特意邀请了传承人驻店开展教学活动，进而构建起了一个“住一晚、学一艺、带一物”的文化消费闭环。这种模式着重于呈现产品的差异化、提供服务的定制化以及营造文化的场景化，能够很好地契合中高端文旅市场的相关需求。

（三）以文旅景区为核心的融合式住宿产品

这种模式在国家级旅游景区以及文创园区等地较为常见，会把非遗住宿当作文化体验链里极为关键的核心环节融入整体业态当中。就好比在北京通州的“运河文化村”里面，开发了“古运河主题客栈”，其房型特色是以京绣、风筝、皮影等非遗项目来呈现的，并且和园区里的演艺空间、非遗集市、研学课堂之间形成互动，进而构建起一个全链条且有多触点的非遗旅游空间系统。

四、非遗主题住宿与旅游空间再造中的机制创新

在非遗住宿空间构建期间，仅仅依靠设计层面的创新是远远不够的，还需要从制度机制、运营模式以及协同路径这三个层面去系统地推进相关工作，进而形成一个可持续发展的文旅融合体系。

（一）构建“文化＋服务”的双轮驱动模式

非遗住宿所秉持的核心价值在于其蕴含的文化内容，而其可持续发展的特性则取决于自身的运营能力。应当深入探索“文化IP运营”以及“住宿服务提升”这两条并行不悖的机制，以此来推动文化资源朝着体验产品再次实现转化。比如可以着手设立“非遗空间主理人制度”，让传承人或者文化专家能够担起空间策展以及讲解的相关角色，进而达成服务与文化一体化的输出效果；与此还要引入“非遗衍生品定制平台”，把住宿空间里的文化元素转变成为文创商品，从而形成一条内容得以变现的渠道。

（二）推动多元参与的共建共享机制

非遗主题住宿在开发之时，得把政府、企业、社区以及传承人等诸多方面的资源都整合起来，进而构建起一个“共建、共管、共享”的联动机制。其中，政府能够给予政策层面的支持，并且还能提供空间资源；企业可以拿出投资的能力，同时具备运营方面的能力；社区居民能够贡献出生活文化，还能提供日常服务；传承人则可提供非遗相关内容，实现文化输出，如此一来便形成了“多元主体—多维资源—多极价值”这样的开发模式，从而让项目在文化扎根性以及社会认同感这两个方面都得以提升。

（三）建立非遗空间使用与文化表达的合规框架

非遗主题住宿牵涉到非遗元素的复制、再创以及使用等方面，所以有必要在制度层面去构建起清晰的边界，如此才能避免出现文化误读以及商业侵权等情况。要制定《非遗主题住宿设计与运营指南》，明确非遗使用规范、传承人参与机制、文化表达底线，还要建立“文化审查与内容认证”机制，对进入市场的非遗住宿产品进行文化审核，保证其真实性和尊重性，维护非遗文化的公共属性与精神底线。

非遗主题住宿以及旅游空间的再造工作，这既属于文旅融合方面的一种空间实践活动，同时也体现出了非遗活化所遵循的生活逻辑，是文化再生在制度层面的一种表达形式。处在多元审美能够共生共存、文化认同逐步回归、体验消费不断崛起这样的时代大背景之下，非遗住宿已然成为“能够被感知到的文化场域”“可以展开互动交流的知识场域”以及“具备可持续性的消费场域”。它不但肩负着文化得以延续的重任，而且还蕴含着产业实现转型的潜在可能性。在未来的发展进程中，只有在空间构建环节讲好关于非遗的故事，在运营机制层面涵养出文化的温度，并且在制度框架体系里切实保障文化权利，才能够促使非遗住宿真正发展成为连接文化传承与未来生活的极为重要的一座桥梁。

第五节　非遗IP与影视动漫的融合传播路径

在当下文化传播生态发生剧烈变化的时代大背景之下，非物质文化遗产怎样冲破传播媒介方面的限制，跨越代际文化所存在的断层，进而进入大众日常的生活语境当中，已然成为非遗保护以及转化过程当中面临的一个极为重要的议题。以IP化作为核心的逻辑思路来对非遗文化展开重塑的路径，凭借着影视动漫所具备的叙事方面的张力、形象方面的再造能力以及跨媒介传播的能力，正在逐渐地变成非遗资源实现“从内容到产品、从符号到情感、从静态到动态”这一系列转变的重要媒介转化机制。非遗和影视动漫相互融合开展传播活动，这既为传统文化的表达方式赋予了现代的活力，同时也为非遗赋能文旅产业开拓出了全新的传播途径。

一、非遗 IP 化的逻辑转化与价值基础

非遗IP化并不是简单的文化符号输出行为，它其实是一个包含着诸多环节的系统性再造流程，在这个流程当中，非遗会从传统技艺或者仪式逐步转化成能够被人们所识别、可以进行转述并且具备消费价值的文化IP，从而让其拥有了市场方面的生命力以及跨媒介传播的能力。

（一）从“文化遗产”向“文化资产”的功能转变

传统非遗把“保护”当作核心目标，着重于保留文化原本的面貌以及传承相关技艺，不过这样一条路径在碰到大众媒介以及数字语境的时候，就显得有些太过静态并且较为封闭了。而IP化路径突出的是“激活—表达—植入”这样的逻辑，运用市场化语言针对非遗展开内容的重新编排、叙事的再度创设以及形象的再次设计，促使非遗从

文化遗产转变成文化资产，进而融入当代的消费结构以及叙事系统当中。

（二）IP 逻辑下的形象可塑性与情感附着力

IP最为关键之处在于其“能被记住的形象”以及“能被连接的情感”这两个方面。非遗本质上属于活态文化范畴，其中蕴含着数量众多且种类多样的视觉元素，像纹样、服饰以及器物等；同时还存在着各式各样的行为模式，比如技艺流程以及仪式动作等；非遗里还包含着丰富多样的价值情感，像是家族相关的情感、节庆期间的情感以及信仰层面的情感等。非遗自身有着极为突出的IP化潜力。只有借助视觉再造这一手段并结合故事重构的方式，把非遗形象转变成角色、情节、冲突以及情感投射点，才能够切实地进入大众的认知领域以及情感所处的场域当中。

（三）非遗 IP 的媒介适配性与传播延展力

在媒介融合这样的大背景之下，非遗IP应当拥有不错的跨平台适配能力。影视剧能够起到叙事驱动的作用，动漫形象可以达成视觉记忆方面的强绑定效果，短视频平台则能实现日常的触达以及话题的引爆，而游戏互动场景又能够强化用户的黏性。去构建一个以IP为基础的“内容矩阵加上平台矩阵”这样的传播结构，是能够达成非遗文化那种全景式的、多维度的、多节奏的触达以及沉浸式体验的。

跟着悟空游山西

二、非遗与影视动漫融合的典型模式与案例路径

非遗和影视动漫融合传播的事儿，

已经在不少文化产业实践里有了初步的探索尝试，其主要的路径类型包含形象重构型、情节演绎型、文化背景型以及互动开发型这四类。

（一）以非遗元素为基础构建视觉 IP 角色

此类类型把非遗视觉资源当作核心要点，借助角色拟人化的手法、形象卡通化的呈现方式以及风格统一化的处理手段，去打造出具备一定辨识度并且富有亲和力的文化形象。像把剪纸风格转变成二维动画角色的造型样式，把皮影技艺运用到人物动态的处理环节当中，进而形成“技艺—形象—故事”这样一条传达的路径。

（二）通过非遗故事重构形成影视文本主线

此类路径会以非遗背后所蕴含的传说、人物以及仪式等当作原型，去构建影视剧或者动画剧集的情节主线。比如可将“花木兰木雕故事”转变为连续剧剧本，把“彝族火把节”设计成情节高潮场景等。这种路径把非遗当作“叙事资源”而不是“符号背景”，着重突出故事逻辑和文化内核的深度融合，属于非遗与影视内容实现深度整合的一种重要方式。

（三）以非遗为世界观构建基础

影视动漫作品的世界观设定对其文化高度以及精神维度起着决定性作用。把某一类非遗（像藏戏、傩戏、苗医药等）当作整部作品的文化背景要素之一，既能增加故事的丰富程度，又能使观众在不知不觉间接受文化方面的认知。

（四）借助动漫 IP 进行非遗产品、游戏、文旅协同开发

在以动漫IP为核心的产业链里，非遗一方面充当文化背景参与到制作环节当中，另一方面借助授权开发文创产品、互动游戏、AR互动展以及衍生景区等方式来达成文化层面的拓展延伸。比如某个手工艺IP角色“蓝布熊”和江南蓝印花布传承基地携手展开合作，进而开

发出以“IP+非遗+体验”当作路径的定制布艺包、工作坊研学课程还有亲子剧场，最终形成了内容、产品和服务相融合的一体化传播闭环模式。

三、非遗 IP 影视动漫融合中的创意设计与表达策略

当非遗IP进入影视动漫领域的时候，创意设计需要在“守正”以及“创新”这两者之间达成一种动态的平衡状态，一方面要对文化本真以及传承精神给予尊重，另一方面也要契合市场审美并且遵循传播规律。

（一）文化元素的当代表达转换

视觉表达在非遗IP传播方面堪称一道颇为关键的门槛。传统非遗通常呈现出风格颇为浓重且构图相对复杂的状况，这就需要借助设计方面的手段来达成图形的简化操作，同时还要开展色彩提取相关工作，并且要对风格进行一致性方面的处理，从而让其能够与现代动画、游戏或者插画风格相适配。而这一整个过程绝不仅仅是单纯的“样式改写”那么简单，它实际上还蕴含着“文化抽象”这样更为深层次的含义：也就是凭借视觉系统的构建工作，把传统非遗的各类元素融入当代的审美序列当中去。

（二）非遗故事的情感价值塑造

非遗所蕴含的历史典故、民间故事以及信仰传说，堪称是有着丰富情感张力以及深厚审美内涵的内容源头所在。在将其进行IP化处理的这个过程当中，需要充分挖掘出其中的人文核心要素以及情感方面的内在基因，并且借助“冲突—转折—成长”这样的叙事架构，来着力塑造角色所具备的动机、价值取向还有精神层面的图谱。唯有如此，才能够促使非遗形象实现从单纯的“角色扮演”状态逐步迈向“人物塑造”的境界，同时也能达成从简单的“文化讲述”逐步过渡到能够引

发受众“情感共鸣”的效果。

（三）非遗 IP 传播的社群化机制

新时代的受众已经不再是单纯的内容“接受者”了，他们同时也是文化表达的积极“参与者”。就非遗IP而言，在其于影视动漫领域开展传播活动之时，应当特意设置一些可供人们进行“共创”的入口，像是创作方面的征集活动、针对角色展开的投票环节以及剧情的二次创作等。借助短视频平台、各类社交媒体以及同人文化等相关渠道来构建起“参与式传播”的生态系统，如此一来，既能提升用户的黏性，又能激活非遗内容的再表达、再传播以及再创造等一系列相关事宜。

四、非遗和影视动漫融合传播的机制建构与风险防控

虽然非遗和影视动漫相融合拥有十分强大的传播潜力以及产业牵引力，不过要实现其健康发展，那就得要有制度方面的有力支撑以及价值层面的有效引导，从而避免出现“符号化滥用”的情况以及“文化空洞化”的风险。

（一）构建“文化顾问 + 艺术团队”协同创作平台

当非遗内容进入影视动漫这个领域的时候，应当去建立起一种跨学科并且跨领域的联合创作机制。要让传承人、文化研究者以及影视编导、动画设计师等诸多方面的人共同参与到内容创意环节、形象设计环节还有脚本撰写的环节当中来，以此来保障文化表达能够真实且可靠，并且艺术表现也能够达成创新且有效的效果。可以考虑设立一个“非遗IP内容联合实验室”，以此来推动相关项目的创作，实现从“文化借用”到“文化共创”的转变。

（二）推动非遗 IP 开发的准入与备案制度

为了避免非遗内容在商业化的进程当中出现“低俗化、错位化以及庸俗化”这类问题，应当从政策方面着手去搭建起一个“非遗IP影

视动漫开发备案平台”。这个平台要由国家文化相关的主管部门和行业协会携手一道来开展评审工作，针对那些准备要开发的作品，细致地去做价值方面的审查，并且要严格把控其内容导向，以此来保证相关项目能够做到合法且合规，同时还要确保文化的真实性以及审美的健康性。

（三）完善非遗 IP 的知识产权认定与利益分配机制

非遗自身有着“集体性”“历史性”“流动性”这样的特性，在影视动漫开发进程里，容易冒出权属不清晰、利益存在冲突等诸多问题。不妨积极推动其建立“非遗 IP 开发指南”以及“授权标准合同模板”，把文化资源的归属情况、形象能够使用的范围、衍生出来的权益归属等方面的关键环节都给明确清楚，进而构建起一个“有依据可循、有路径可走、有保护措施”的产权治理体系。

非遗 IP 和影视动漫相结合的传播方式，属于非遗文化从内容层面去表达、用符号形式来传播再到场景方面予以延展这一过程当中的极为重要的一环，它也是传统文化迈向数字生活领域、融入大众审美范畴并且达成产业赋能目标的一条十分重要的途径。在文化自信以及科技革新这两股力量共同推动的情形之下，只有坚守住文化的原本真实性，去激发创意方面的表达，并且构建起协同运作的机制，才能够让非遗实实在在地“活”起来、持续不断地“传”下去并且顺利地“走”出去，在光影所构成的世界以及虚拟营造的空间当中绽放出属于新时代的那种生命活力。

第七章　数字化技术赋能下的非遗保护与文旅融合

第一节　区块链技术在非遗确权与追溯中的应用

随着数字技术在文化治理体系里不断渗透，非物质文化遗产的保护和利用也逐渐从静态存续的状态转变为动态监管的状态，从依靠人为记录的方式转变为借助智能手段来确权的方式。在这个过程中，像区块链这类新一代的数字基础设施，依靠自身具备的“去中心化、不可篡改以及可溯源”这样的技术特点，给非遗的确权以及流转治理带来了全新的解决办法。区块链不但解决了传统非遗保护当中存在的“权属不清晰、记录容易被修改、传承缺乏依据”等结构性方面的问题，而且还为文化资产化、传承数字化以及产业治理法治化给予了技术层面的支撑以及制度方面的保障。

一、非遗确权追溯的现实困境与技术诉求

（一）确权主体分散与权利类型模糊

非遗资源有着很强的群体性、地域性以及历史性特点，往往很难像物质文化遗产那样清晰明确其权属情况。就比如说，某项传统技艺有可能分布在好几个村寨当中，并且是由好几代传承人一同来掌握的，在这种情形下，它的创作权、使用权、收益权还有精神权属就会出现交错重叠的现象。当下在对非遗进行确权的时候，大多依靠人工备案以及行政授牌的方式来进行，如此一来便很难形成具备系统性且能够追踪溯源的权属证明，进而特别容易引发有关利益冲突以及侵权方面的争议。

（二）传承记录缺失与流转过程不可控

非遗项目在实际传承过程中往往缺少完整的记录，特别是在非语

言性的技艺以及仪式型文化领域，“口传心授”这种传统的方式很难留下稳定且能够追溯的证据。要是出现技艺被篡改、衍生出新的开发项目或者进行商业流转等情况，那么其真实性以及合法性就很难去核验了，同时也难以明确责任。

（三）信息割裂严重与数据孤岛林立

当前，非遗管理系统往往是由各个不同级别的文化主管机构独立搭建起来的，如此一来，数据标准便呈现出不统一的状况，各个系统之间也无法实现兼容，这就使得确权信息没办法被整合到一起，传承信息同样难以实现共享，就连开发路径也难以得到有效监管，最终对非遗资源的整体治理能力产生了影响。

二、区块链技术的关键特性与应用优势

（一）不可篡改性保障确权数据的法律效力

区块链利用哈希算法以及时间戳机制把每一处数据都固定在链上，进而形成连续不断的“数据链条”，一旦有人企图篡改其中的数据，那么整个数据结构就会出现崩塌的情况。这种特性能够确保非遗确权数据自生成之时起便拥有“防伪能力”，从而可以给确权登记、传承流转以及法律认证等相关事宜给予技术层面的支撑。

（二）去中心化机制构建跨主体协同治理平台

区块链用不着依靠单一的中心节点，就能达成多方一同建设、治理以及共享的目标，它特别契合非遗这类权属主体较为复杂、地域跨度颇大、参与层级众多的文化资源治理体系。在区块链所构建的系统当中，政府主管部门、传承人、社区组织、研究机构还有市场主体能够一起参与到数据维护的工作之中，以此来保证信息的对称性以及流程的公开透明。

（三）可追溯性赋能非遗传承路径的全程记录

区块链会为每一笔操作记录生成一个独一无二的识别码，并且依照时间先后顺序将其存储起来，如此一来便能够形成完整的“非遗数据链”。不论是传承人技艺方面所发生的各种变化、作品创作的具体流程，还是授权使用的具体路径以及商业收益的分配情况，都可以凭借智能合约来设定相应的规则并且实现自动执行，进而构建起清晰且能够追溯的“非遗行为谱系”。

三、非遗确权与追溯的区块链应用架构设计

（一）链上身份认证与多元主体注册机制

首先得把非遗项目和相关主体在区块链上绑个身份。政府部门能给非遗代表性项目以及传承人发放“数字确权凭证”，借助DID也就是分布式身份识别技术，把身份、证书还有资质信息都写进链里，进而形成唯一的数字身份标识。像企业、平台、社区组织这类其他参与方，也都得经过验证才能进入系统，以此来保证系统的合法性以及排他性。

（二）多维度确权数据写入与结构化存储

系统应当能够容许以图像、音频、视频以及文本等多种不同的数据形式来针对非遗项目展开数字化方面的描述，依照“技艺”“代表人”“地域”“起源”“演化”“应用”等诸多维度去实施结构化的编目操作。这些数据在经过加密处理之后再存放到区块链上，借助哈希指纹来保障其唯一性以及不可篡改的特性。同时配套设立起“链上时间库”，对非遗项目的历史变迁进行阶段性记录与可视化管理。

（三）行为记录模块实现全过程留痕与状态追踪

每次使用、流转、展示以及授权等行为发生时，都得由相应的参与者去提交链上的记录，系统会自动形成“行为证据块”。并且建立起

一个包含“操作日志、项目演化还有传承谱系”这三方面的记录系统，这样做能够方便后续的项目审查、责任认定以及开发管理工作。

（四）智能合约驱动下的非遗权益自动执行机制

利用智能合约技术，在非遗商业开发方面、版权交易领域以及合作协议当中都能够去设定自动执行的相关条件。比如说当传承人授权给企业去使用某一项技艺来开发文创产品的时候，合同便能够去设定收益的比例、授权所持续的期限还有使用的具体范围，只要一触发所设定的条件，那么就会自动地进行结算或者撤销相应的权限，以此来降低人为的干预情况以及法律方面的纠纷出现。

四、推进区块链赋能非遗确权的制度保障与策略建议

（一）构建非遗数字确权与链上治理法律框架

《中华人民共和国非物质遗产法》《中华人民共和国数据安全法》《中华人民共和国网络安全法》等法律法规没有针对“非遗链”里的数据资产、数字身份以及链上协议等做出清晰的界定。可考虑推动制定出台《数字非遗确权与使用管理办法》，明确链上确权的效力、智能合约的法律地位以及数字资产可以流通的边界，以此来形成系统的法治方面的有力支撑。

（二）建设“国家级非遗区块链底层平台”

由国家文化方面的主管部门来牵头，携手重点高校、科研机构以及产业联盟一道，去开发那种具备开放接口、标准协议并且拥有可扩展结构的区块链底层平台，以此来促使各级非遗资源达成“上链后的可视化呈现、数据呈现出结构化特点、管理实现一体化运作”的状态。

（三）设立“非遗＋区块链”复合型人才培养体系

支持高等院校开设“数字非遗治理”方向课程，引导非遗研究者、文化管理人员与区块链技术人员跨界合作，构建“非遗内容—数字技

术一产业治理”三位一体的复合型专业人才梯队。

区块链技术的引入，为非遗确权与追溯开启了通向系统性、透明化以及法治化时代的窗口，在未来非遗治理当中，确权不再依靠人为主观记录，追溯也不会受到资料碎片的限制，而是在技术的支持之下达成全过程管理、全维度记录以及全链条协同，只有将技术当作底座，把制度作为规范，以文化作为本源，才能够让非遗在数字时代具备“可确权、可溯源、可共享、可持续”的特点，踏上真正“活态永续”的发展道路。

第二节　元宇宙与非遗数字场景构建

元宇宙概念兴起，其核心特征是沉浸式体验、虚实融合、时空重构，这给文化内容生成、传播、消费模式带来影响，非物质文化遗产以“活态传承”为本质，面临在新型数字空间里有效呈现、可持续传播的问题，元宇宙给非遗保护、活化、再生提供了技术场域和叙事平台，推动非遗走向数字时代深层结构性转型。

一、元宇宙技术体系与非遗数字场景的契合逻辑

元宇宙说到底是一种由多种数字技术相互交织推动而成的超时空平台，它的核心构成部分涵盖了虚拟现实（VR）、增强现实（AR）、人工智能（AI）、区块链、数字孪生以及物联网等诸多前沿技术。元宇宙并非仅仅是物理空间的虚拟复制版本，它还是对文化叙事予以重新定义的平台，其具备的高度沉浸特性、延展特性以及互动特性给非遗的数字再造以及动态表达开拓出了十分广阔的施展空间。

（一）沉浸式交互为非遗体验打开多感官通道

非遗的传承究其实质而言，是呈现出一种情境化的、带有体验性质的文化互动进程。在元宇宙当中，其拥有的VR以及AR技术能够去

构建起那种高仿真的、能让参与者深度融入其中的文化环境。用户借助数字终端，便可以身临其境地进入古村落里、节庆活动的现场或者工艺制作的作坊当中，并且能够与虚拟传承人展开实时的互动交流。这样的一种沉浸式的体验，已然突破了以往传统静态展览形式以及单纯依靠文字来进行传播所存在的种种限制，进而促使非遗感知得以实现多维度的拓展延伸。

（二）数字孪生推动非遗场景与技艺的可复制性建构

数字孪生技术能够借助扫描、建模以及传感等手段，达成对非遗物理场景、器物形态还有操作流程的精确模拟，进而构建起“数字版本”形态的非遗空间与行为系统。以这样的成果作为基础所形成的非遗数字档案，其用途并非仅仅局限于传播展示方面，它还能够充当教学、研究以及修复等方面的基础资料，从而有力地保障非遗资源具备系统性、连续性以及可延展性的特点。

（三）虚拟身份与数字资产机制助推非遗价值体系重构

借助区块链以及NFT也就是非同质化代币相关技术，元宇宙是能够为非遗项目构建起数字身份并且建立起相应的确权机制的，可以把非遗形象、技艺过程或者虚拟产品注册成为可以进行追溯的数字资产，用户能够通过购买、收藏、展示等不同方式参与到非遗生态系统当中来。如此一来，这无疑会丰富非遗价值得以实现的途径，同时也会对传承人获取持续收益以及获得社会认同起到推动作用。

二、元宇宙赋能下非遗数字场景构建的路径探索

在元宇宙这样的语境当中，非遗就不再是单纯处于被动保护状态的对象了，它已然变成了能够被再度创作、再度演绎并且还能够被再度体验的一种文化构件，而非遗的数字场景构建，得围绕着内容建模、空间营造、角色交互以及情境叙事这四个关键的核心环节来展开相关

工作。

（一）基于数据建模的非遗内容数字化表达

非遗项目的数字化建构，首要任务是要达成内容的高质量建模。要运用三维扫描、结构光捕捉以及动捕系统这类工具，针对传统器具、服饰、建筑还有乐器等展开细致建模工作，并且同步将制作工序、表演动作以及祭祀流程等动态过程予以记录，进而形成具备结构化与标准化特点的内容数据集，以此来给元宇宙场景构建给予素材方面的有力支撑以及符号层面的基础保障。

（二）基于场域还原的虚拟非遗空间构建

在空间营造方面，要把非遗所依托的地理、生态、建筑、声音以及气候等诸多因素都纳入数字复原系统当中，以此来重新构建起“文

中国京杭大运河博物馆（杭州）中的虚拟现实场景

化场”，而不能仅仅是对“物理场”进行复刻。比如，可将苗寨的空间结构、祭祀之时的鼓声与烟雾还有节日氛围等各方面内容全部予以数字化处理，进而达成文化氛围的数字拟真效果，从而强化用户的情感嵌入感以及文化沉浸感。

（三）基于虚拟角色的非遗交互机制设计

元宇宙给非遗传承带来了构建“虚拟传承人”以及“AI文化导师”角色的技术根基。借助自然语言处理还有语音合成技术来打造交互式的非遗讲解员，并且利用深度学习去模拟真实传承人的讲授风格以及操作节奏，用户能够在虚拟的空间当中获取到类似“师承式”的体验，进而达成非遗的“拟人化传递”以及“拟态式学习”。

（四）基于情境叙事的非遗文化体验路径设计

元宇宙所具备的文化表现力体现在“时间可塑性”以及“情境联动性”这两个方面。非遗数字场景能够依据“仪式—故事—节律”这样的情节逻辑来进行编排，比如说可以设立“跨越三代传承的制陶工作坊”，又或者打造“重现清代年节民俗的沉浸街区”等。借助情境化的叙事方式来构建起文化记忆的交互再现状态，让用户在参与相关活动的过程中达成“生成记忆”的效果，最终实现文化认同在内心的内化过程。

三、元宇宙与非遗文旅融合的互动机制与应用场景

元宇宙给非遗带来了保护以及传播方面的全新路径，并且对文旅融合的供给模式还有消费方式产生了颇为深刻的影响。凭借着构建起虚实相互作用的文化消费场景，元宇宙正催生出各式各样的非遗文旅融合新形态。

（一）“虚拟导览＋实地旅游”的双重体验模式

游客能够凭借元宇宙平台于出行之前展开沉浸式的“数字预览”

活动，借此可提前知晓非遗景区的历史发展脉络、各类节庆的具体安排、相关的传承故事以及手工艺的操作流程，以此来增进对于文化的认知程度并强化兴趣方面的黏性关联。当游客实地前往之后，该平台会给予AR导览、虚拟讲解以及任务打卡等一系列“混合体验”方面的服务，进而达成“线上种草—线下沉浸—线上延展”闭环式的文化体验模式。

（二）“数字工坊＋社群互动”的共创消费路径

借助构建起“数字非遗工坊”以及“虚拟非遗社区”这两个平台，用户便能够远程参与到像陶艺制作、刺绣学习还有曲艺排练这类非遗项目当中来。该系统还能够设置交互任务、评比机制以及积分系统，以此来激发用户主动去传播并且开展二次创作，从而促使非遗体验实现从“文化消费者”到“共创参与者”的身份转变。

（三）“非遗 IP+ 数字藏品”的文创激活机制

在元宇宙当中，非遗项目能够借助IP化开发的方式打造出数字藏品，比如NFT这类形式，并且可以通过链上的相关平台来开展限量的发行以及交易活动。像“皮影剧场角色卡牌”“数字苗绣壁画”“虚拟傩面具”等这些具体实例，一方面构建起了非遗全新的流通体系，另一方面也探寻到了文创收入方面的新一轮增长点，进而能够为传承人给予直接的商业方面的回报，同时也建立起了一套相应的激励机制。

（四）“多平台协同＋多终端延展”的传播网络构建

非遗元宇宙场景须构建起“跨平台互通加上多终端适配”这样的传播生态，如此一来，既能凭借PC端达成深度体验的目的，又能依靠VR头显来强化沉浸的感觉，还可以倚仗移动端完成碎片化的传播以及社交分享活动，进而提高传播的效率以及用户的渗透程度。平台还能够和短视频平台、数字博物馆、数字藏品平台等的数据实现联通，进而形成“传播即沉浸，触达即体验”的文化营销机制。

四、非遗元宇宙建设中的挑战与治理策略

元宇宙给非遗数字化带来了诸多可能性，可在实际构建阶段，伦理约束、标准缺失、技术门槛以及治理缺位等诸多挑战，需要在制度设计和生态构建方面同时推进。

（一）文化真实与技术演绎的边界张力

元宇宙场景里的文化表达，有因技术演绎以及商业包装出现失真的情况，还可能致使非遗内容呈现出娱乐化、虚拟化的趋向，对非遗的精神内核有所损害。针对这一状况，应当设立“文化顾问审核机制”，以此来引导非遗内容在构建虚拟场景的时候，始终遵循真实性、规范性还有尊重性的原则。

（二）元宇宙内容标准与非遗数据规范的缺失

当前非遗数字建模以及内容结构方面缺少统一的标准，这给各地资源整合以及协同开发带来了阻碍，应当推动去制定像《非遗元宇宙场景建构技术指南》《虚拟非遗建模数据标准》《非遗交互行为协议模板》这类行业规范，以此达成平台之间的资源兼容以及内容对接的目的。

（三）虚拟资产与用户数据的监管困境

元宇宙里的非遗数字藏品、虚拟活动记录以及用户行为数据，要是没有得到规范管理，那很可能会出现资产炒作、信息泄露还有隐私侵犯等诸多问题。所以得积极推动像《非遗数字资产管理暂行办法》《文化元宇宙内容合规指引》这类配套政策能够尽快出台，进而让文化数据安全和虚拟资产监管体系得以进一步完善。

（四）复合型人才短缺与技术基础薄弱

非遗元宇宙的建设涵盖了文化学、设计学、计算机科学、人工智能以及区块链等诸多学科的融合，在当下复合型人才的储备存在着严

重的不足情况，应当设立专门的研究课题以及人才培养项目，支持高校开设“数字非遗与虚拟文化”这样的交叉专业，推动文化与科技实现深度融合。

元宇宙不单单是技术层面的革新，它还带来了一场文化范式方面的深层次变革。在元宇宙所赋予的能量之下开展非遗数字场景构建工作，这给非遗的表达方式、传播途径以及传承手段都带来了以往从未有过的诸多可能性。在元宇宙这个环境里，非遗不再受到时空边界的限制，而是以一种能够“看得见、可以游览、能够互动交流并且可实现传承”的数字形态迈向未来。只有坚守住文化方面的底线，同时强化相关的制度保障措施，并且对技术应用加以优化，才能构建起一个真正具备“活态传承特性、能够共创共享成果并且实现永续发展”的非遗元宇宙生态体系。

第三节　大数据支撑下的精准化文旅营销

在数字经济不断蓬勃发展的这样一个大背景之下，大数据技术已然成为新一代信息基础设施当中极为重要的一个组成部分，并且正在对非遗与文旅融合的发展逻辑产生着颇为深刻的影响。非物质文化遗产自身有着空间性、口传性以及地域性等诸多特征。在旅游逐渐产业化的进程当中，怎样才能把非遗资源做到精准的配置、精准的推送以及精准的传播，这对于推动其活态传承以及文旅融合协同发展而言无疑是极为关键的一个环节。

一、大数据驱动的非遗旅游市场洞察机制

精准化文旅营销需要对市场有全面了解，大数据能高效处理复杂信息。传统非遗文旅开发常搞不清目标人群，消费偏好不明确，传播策略粗糙，很难有效触达特定受众。用大数据，文旅机构可整合搜索、

社交、旅游、消费等多方面数据，细致刻画游客形象，深入了解并细分非遗文旅受众。

以游客轨迹分析当作例子来讲，凭借GPS定位以及手机信令数据这两种手段，旅游管理部门是能够对游客在非遗景区当中的行为路径予以追踪的，也能够识别出其中的高频打卡点还有哪些较为冷门的区域，通过这样的方式便可以对空间布局加以优化，同时也能更好地引导流量走向。除此之外，再结合对社交媒体数据所展开的分析来看，能够捕捉到游客针对特定非遗项目在其兴趣方面所发生的种种变化情况，进而形成一张情感热度图谱，这张图谱能够有力地支持非遗项目在内容方面进行升级操作，还能助力其开展主题化的运营工作。更为关键的是，消费者所留下的评论、所进行的图文分享以及短视频的传播等这些所谓的“用户生成内容”，已然成为实现“情境感知”的极为重要的支撑要素，这就使得非遗文旅开发不再是仅仅依靠专业的规划来开展相关工作了，而是正逐步朝着由公众积极参与进来、以数据为导向来进行转型发展的方向去转变。

二、基于大数据的非遗内容智能匹配与定制营销

非遗资源有着地域、门类以及形式各方面的多样性特点，在将其转化为文旅产品之时，常常会碰到“内容—需求”出现错位的问题。而大数据所具备的精准推荐机制，能够为解决这一矛盾状况给予有效的工具手段。借助自然语言处理、图像识别还有多模态学习等一系列的技术，是能够达成非遗内容实现数字标签化以及结构化表达的目标的，如此一来便能够在营销方面达成人与内容之间更为高效的匹配效果。

在实际的应用场景当中，旅游电商平台以及OTA已经逐渐构建起非遗内容标签体系。比如把“傩戏”和“地方祭祀文化”“民俗节庆”建立起联动关系，又或者是把“苗族银饰锻造技艺”同“手工体验加上

短期研学旅游”相互结合起来，依照用户的历史搜索记录、点击情况、收藏偏好以及购买行为来动态地生成推荐策略。这样的机制一方面提升了内容触达的精准度，另一方面强化了用户体验的沉浸式感觉以及专属性，切实达成了“千人千面”的非遗旅游服务供给状态。

凭借用户行为数据所具备的实时反馈机制，非遗旅游营销得以达成闭环优化效果。就拿“AB测试”这一方法来讲，平台能够把相同的内容采用不一样的图文形式分别推送给两个不同的样本用户群组，依据点击率、转化率以及停留时间等一系列数据指标，适时地对内容表达以及推广策略做出调整与优化，让非遗文旅产品在高频次的迭代进程中一步步趋向于市场需求。

三、大数据支持下的非遗品牌传播与用户共创机制

在“注意力经济”这样的时代当中，非遗品牌构建对于情感链接以及文化共鸣的依赖程度日益增加，而大数据技术给非遗品牌的精准传播开拓了多个维度的通道。其一，凭借大数据所开展的热词分析以及舆情监测系统，可以动态且有效地捕捉到非遗内容在网络空间里关于关注趋势的相关情况，进而为品牌命名、口号设计以及内容创作给予源源不断的灵感；其二，借助聚类分析以及社群识别等手段，文旅品牌能够有针对性地去运营核心粉丝群体，达成从“中心化传播”朝着“圈层渗透”转变的成效。

在品牌内容共创这块，大数据同样能够给“用户生成内容”给予算法方面的有力支撑。具体而言，通过针对用户所上传的图片、视频以及文案展开语义层面的细致分析，并且按照主题加以归类整理，如此一来便能够形成非遗项目的多维度表达体系，进而有效增强传播所具备的多样性特点以及亲和力。与此文旅机构还能够凭借数据反馈所呈现出的情况，从中挑选出影响力较高的用户，进而建立起“非遗推荐官”机制，以此来充分激发用户主动去开展创作以及传播相关非遗内

容的意愿，最终实现在平台生态当中构建起“数据—内容—品牌”这样一条正向循环的链条。

非遗IP品牌在运营期间，要关注品牌资产的长期积累，借助数据挖掘能提炼出用户对品牌的认知词汇，如“古法制作”“匠心传承”“文化温度”等，以此来指导品牌定位、视觉风格以及产品调性，达成文化价值和市场价值的双向提升。

四、大数据赋能下的非遗产品迭代与文旅模式转型

精准化营销，其关键不在于“卖得准”，而在于“造得好”，在非遗文旅产品开发阶段，大数据能提前介入产品生命周期，从策划立项、功能设计到运营反馈，达成由数据驱动的产品创新迭代。

在产品设计方面，大数据能够凭借旅游偏好预测以及价格敏感度分析等手段，对非遗项目的内容组织以及服务模块构建起到指导作用。比如，借助分析“周边游”热度还有节假日流量数据，便能策划出以“非遗周末集市”作为核心的小型沉浸体验项目；再比如，依据不同年龄层群体对于“动手体验”以及“文化深度”所存在的权重差异，可以生成面向亲子、银发、青年等各类人群的非遗产品分级目录。

在运营阶段，大数据能够构建起精细的运营看板，对非遗文旅产品的访问量、用户评分以及复购率等关键指标展开实时监控，进而依据实际状况动态地去调整营销的节奏、内容推送的频次以及促销的策略。并且借助预测模型还有情景模拟工具，可以预先识别出潜在的风险以及市场所存在的机会，以此来确保非遗文旅产业具备韧性并实现可持续的发展。

五、推动大数据在非遗文旅领域高质量应用的策略建议

大数据于非遗文旅融合当中呈现出颇为可观的发展潜力，不过其发展进程仍然面临着技术整合方面的壁垒、存在数据孤岛的相关现象

以及来自隐私保护方面的诸多压力等各类挑战。所以应当从政策给予的支持层面、技术不断升级的层面还有各主体之间协同合作的层面这三个方面来重点发力，以此推动其能够实现高质量的落地应用。

构建跨部门的数据共享平台，将文旅、文化、统计以及交通等多个方面的数据接口打通，以此来推动数据能够按照标准进行采集，并且实现彼此之间的互联互通。要鼓励技术企业同非遗机构展开合作，促使AI、大数据以及GIS等各类技术能够在非遗相关场景当中实现集成化的应用，进而去探寻“智慧文旅+非遗”这一模式具体的落地方式。需建立“数据伦理+隐私保护”方面的机制，制定出具有较强适配性的法规框架，从而确保用户数据在文旅所涉及的场景里可以得到安全地使用。

第四节　人工智能技术对非遗传承的辅助模型

在全球范围内人工智能技术发展十分迅速，非物质文化遗产的保护以及传承也进入了和深度技术相融合的新阶段，面对非遗所处的“传承断裂”“人才流失”“认知淡化”等实际困境，人工智能凭借自身强大的感知、分析以及交互能力，给非遗内容的整理、传播、教育还有创新给予了系统性的工具支撑，构建以人工智能作为核心驱动力的非遗传承辅助模型，既是数字时代文化遗产保护工作的一种技术革新的途径，也是非遗文旅协同发展的模式里极为关键的战略支点。

一、人工智能赋能非遗传承的逻辑起点

非遗项目通常有着复杂的多模态特性，包含语言、动作、图像、声音等多种信息形式，而且对人际交互以及情境呈现有着很强的依赖性。传统用来记录的方式以及传播的媒介已经很难将它的动态演绎过程以及知识体系完整地保存下来。人工智能技术凭借自身的深度学习

以及语义理解的能力，可以突破时空方面的限制，做到对非遗元素的精准采集、语义标注、模式分析以及互动再现，给非遗保护带来新的动力。

人工智能已然突破了传统记录方式仅仅停留在“表层保存”的那种局限状况。像图像识别以及自然语言处理这类技术所代表的AI工具，能够针对手工艺制作的具体流程、民俗方面的语言表达还有舞蹈动作的序列等这些非遗要素展开多维度且具有结构性的采集工作，进而构建起契合传承需求的“数字谱系”。AI系统在海量的非遗数据当中，是能够去发现那些隐含着的规律的，其会针对非遗表征样式实施分类操作、聚类分析以及演化建模等工作，以此来为濒危项目在风格还原以及技艺重构方面给予相应的数据方面的基础支撑。借助人机交互模型，人工智能可以把非遗知识转化为诸如游戏、问答以及虚拟导览等形式，从而将其“活化”成可供用户参与体验的内容，以此来强化公众对于非遗的认知兴趣以及与之相关联的文化情感方面的联结。

二、人工智能辅助非遗传承的功能体系

（一）知识重构与语义建模

非遗知识体系有着代际传承以及口耳相传这样的非文本特性，存在着像“隐性知识难以转化为显性知识”“个体经验难以实现标准化”这类难题。人工智能凭借自然语言处理、知识图谱构建还有语义网络算法，能够达成对非遗知识的提取、归纳以及重构。比如说在传统戏曲、方言故事、刺绣工艺等这些领域当中，AI借助对录音、视频、文本展开深度学习的方式，能够识别出技艺流程里的关键节点以及文化术语的语义指向，进而建立起可以检索、可以比对、可以演绎的知识数据库。这样的技术针对非遗知识进行系统化的组织，有益于其作为公共文化资源进入教育体系以及文旅产业，实现从“专家经验”到“公众知识”的跃迁。

（二）沉浸式再现与场景生成

人工智能和虚拟现实（VR）、增强现实（AR）以及动作捕捉等技术相结合，能够依据传统技艺以及表演流程营造出高度逼真的动态再现场景。就好比在非遗舞蹈传承方面，凭借AI对舞者动作轨迹以及节奏特征展开分析，进而建立起标准动作库，接着利用虚拟人模型与用户展开互动，以此来模拟真实的教学场景。如此一来，既有利于非遗技艺实现标准化记录，又能促使其在教育、旅游、娱乐等诸多场景当中实现“多维再生”。在部分濒危方言传承项目里面，人工智能语音合成技术同样能够复刻语言特征，重新构建语境氛围，从而让文化记忆可以“沉浸还原”。

（三）学习路径个性化与智能推送机制

在非遗教育推广进程里，人工智能的推荐系统以及适应性学习机制可依据学习者的兴趣偏好、基础水平还有行为路径，给出个性化的学习资源。就像传统工艺类非遗传承平台，能依据用户的浏览记录、学习进度以及操作偏好，智能地去匹配与之相应的课程模块、技艺教学视频或者虚拟导师，以此来提升学习效率以及用户的黏性。并且，AI还能对非遗传播平台的用户数据展开动态分析，挖掘出用户所关注的热点以及认知方面的盲区，进而为内容创作以及传播路径的优化给予数据方面的支撑，强化非遗文化在社会层面的感知能力。

三、人工智能参与非遗传承的应用实践

（一）表演类非遗的动作识别与数字归档

在昆曲、傣族舞以及武术套路这类表演类非物质文化遗产当中，人工智能凭借计算机视觉技术达成了动作识别以及轨迹建模，其已经广泛地在非遗教学与展示平台得到应用。就好比北京师范大学所设立的“数字戏曲实验室”，其借助AI动作识别技术成功构建起了昆曲

表演动作数据库，能够精准地捕捉到传统演员在演绎过程中的种种细节，并且还通过可视化的界面来向学生给予对比学习的相关功能。这样的方式一方面实现了教学内容的标准化与规范化，另一方面也推动了非遗在青年群体里达成“易理解、能习得、可传播”的效果。

（二）工艺类非遗的图像处理与智能修复

在剪纸、漆器以及青铜铸造这类传统工艺类的非遗项目当中，图像识别还有深度学习算法被运用到了图案的提取工作上，同时也应用于色彩的还原方面以及样式的建模环节。就好比腾讯AILab和湖南省博物馆携手合作所开发出来的“AI修复铜器项目”一样，其借助图像分析算法，针对那些残损的青铜文物展开缺损预测方面的相关操作，并且还开展图样重建的工作，以此来助力文物修复师去完成细节的填补事宜以及形制的复原任务。这样的一种技术路径是能够延伸到非遗工艺品的样式再现工作当中的，同样也能应用到文创产品的开发事宜上，在对原貌加以保护的前提下，进而赋予产业转化以能量。

（三）语言类非遗的语音合成与交互训练

像方言故事、民谣传唱以及叙事诗这类语言类非遗，由于其有很强的口语化特点以及地域性特征，长期以来都存在着“失语”以及“误译”的情况。人工智能所具备的语音识别和生成技术，在对口头文本进行录入、转写、构建情感模型以及还原语音等方面已经有了实际的应用。就拿“粤语生成引擎”来说，借助AI来模拟发音、语调还有语义节奏，能够达成粤语民谣的自动演唱以及口语交互的效果，进而给非遗语言的代际传承开拓出全新的途径。并且，把虚拟主播技术以及智能客服技术综合起来运用，非遗语言项目还能够开发出语音导览、互动问答等一系列的应用形式，以此来提升用户对于非遗语言的认知兴趣以及使用的频次。

四、人工智能辅助非遗传承的系统建模路径

经过对人工智能技术赋予非遗不同场景助力展开细致剖析之后，构建起具有结构化的辅助模型体系便显得格外重要了。这个模型一方面充当着AI技术在非遗领域加以应用时的策略框架，另一方面还给不同类型非遗项目给出了路径方面的指引，并且给予了系统层面的支撑。把人工智能辅助非遗传承的系统模型依据综合实践以及理论来划分，可以将其分成四个模块，分别是数据采集与多模态融合模块、知识建构与智能解构模块、交互生成与场景嵌入模块还有价值反馈与智能优化模块。

（一）数据采集与多模态融合模块

数据构成了人工智能模型构建的初始基础，非遗数据有着多维异构、对语境存在依赖以及具备动态演绎等诸多特点，单一的数据采集方式很难应对这些情况。此模型把“多模态感知”当作核心要点，将图像识别、语音识别、动作捕捉还有地理标签等各项技术加以整合，达成从“动态过程”到“结构表征”这一层面的信息转化。比如，AI摄像设备在节庆演出或者民俗活动期间能够同步抓取音视频流，接着依靠语义分析以及行为识别来形成结构化的数据集合，以此给后续的训练给予底层的素材支撑。因此该模块得配备知识标注机制，以此确保数据的质量以及语义的一致性，为模型的智能演化提供精准的语料。

（二）知识建构与智能解构模块

知识建构模块最为关键之处在于搭建起“非遗经验”和“机器理解”之间的桥梁。在这一进程当中，借助深度学习算法来构建知识图谱、语义网络以及类比推演模型，进而把非遗技艺里的流程节点、文化含义还有技艺要素转变成能够被识别、能够进行推理的知识单元。就好比在纸伞制作这项非遗项目里面，AI可以把“制骨”“蒙纸”“绘花”当作流程节点予以拆解，接着再标注出相应的工艺参数与风格特

征，以此达成技艺逻辑以及文化价值方面的机器学习。这个模块属于“经验显性化”以及“知识系统化”的中枢机制，其决定了AI是否有“理解”以及“还原”非遗的能力。

（三）交互生成与场景嵌入模块

在人机协同的逻辑框架之下，人工智能（AI）已然不再是单纯的工具，而是转变成了能够发挥重要作用的“文化传播节点”。所以说，相关的模型有必要去构建起具备多维度特性的交互生成机制，从而让非遗内容可以在诸如教育、旅游以及娱乐等诸多不同的场景当中实现所谓的“适配式重现”。这其中就涵盖了像虚拟数字人所展示的非遗技艺交互演练系统、AI语音助手用于讲解非遗故事的移动应用系统以及在AR非遗体验空间里的实时引导系统等。这个模块所确立的目标是要把非遗知识从那种较为专业的“博物馆语言”成功地转化为更为通俗易懂的“公众语言”，进而促使非遗在文旅融合进程当中的参与程度以及实际应用价值都能够有所提高。

（四）价值反馈与智能优化模块

人工智能的技术特性并不是一开始就固定成型的，而是在不断地反馈过程中持续进行优化的。所以这个模型一定要内置价值反馈机制，依据用户使用行为、学习成效以及文化传播广度等多个维度的指标，对AI内容生成策略和推荐路径加以动态调节。比如说，借助记录用户在非遗交互App里面的点击率、学习时长还有任务完成度这些情况，AI系统能够对其针对某一技艺的学习效果做出评估，然后推荐与之相应难度的进阶内容。这个模块还肩负着文化敏感性筛查、算法歧视预警以及伦理风险识别等功能，以此来保证非遗内容传播在具备技术合理性之余，也能够兼顾文化伦理以及多元包容方面的要求。

人工智能技术的兴起给非物质文化遗产的活态传承带来了前所未有的可能性，它不单单是一种技术工具，而且是构建新型文化传播逻辑以及传承路径的重要介质，在未来的发展进程里，只有把人工智能放在非遗保护的系统工程当中，打造出“数据—知识—体验—反馈”闭环模型，才能够切实达成“以智助遗”“以技传承”，这既是非遗保护朝着纵深方向发展的关键时机，也是中国文化迈向全球语境、达成智慧传承的重要途径，在数字文明持续演进的时代大背景之下，非遗和人工智能的深度融合，会重塑文化的表达形式、认知方式以及社会意义，让千年技艺绽放出新的生命光彩。

第八章　协同机制中的挑战与系统性风险治理

第一节　商业化开发对非遗文化本真的冲击

非物质文化遗产是民族历史记忆和文化精神的结晶，其传承依靠文化主体的内生动力以及社会环境的持续保护。随着文旅融合进程推进，非遗项目逐渐成为旅游产业链中的热点资源，商业化开发和市场机制大规模引入非遗传承体系，拓宽了非遗传播路径，激活了社会参与，但也对非遗文化的“本真性”构成挑战。“本真性”指技艺形式的原貌保留，还包含文化精神、价值内涵与情感寄托的真实传达。当非遗项目变成旅游产品、演艺内容或消费符号时，其表达方式、传播语境及价值逻辑可能会发生异化，引发的文化稀释、符号漂移与表达失衡问题，是非遗保护协同机制里需正视的系统性风险。

一、形式表演化与生活语境的脱离

（一）旅游演艺导向下的“表演性再造”

在众多文旅融合项目当中，非遗技艺经过一番重新包装之后，摇身一变成为可供观赏且能够消费掉的演艺内容。从民间舞蹈开始算起，一直到传统技艺，再从口头叙事讲到地方戏曲，这些原本是蕴含在日常生活的方方面面以及仪式文化里面的非遗内容，慢慢就脱离了它原本所具备的功能，进而转变成了以观众体验作为核心的“舞台表演”。

（二）功能性流失与日常性剥离

许多非遗技艺所具有的生命力往往源自其在社区生活当中实实在在的功能作用，像农时节气方面的指导、宗族伦理层面的规范以及社交秩序方面的维系等。要是这些功能所处的语境被市场需求给取代了，那么非遗就会丧失掉和现实生活之间的关联。就好比说，传统酿造技艺倘若转而朝着“文创纪念品”这样的路线去发展，那么它的技术工人很可能会被机械所取代，其原本完整的“节气—风土—技艺—人情”链条也会被硬生生地割裂开来，最终只剩下包装以及视觉风格方面的再现罢了。这样一种脱离了生活土壤的“文化抽离”情况，一方面会使得非遗的现实意义大打折扣，另一方面也会影响到文化传承所应有的连续性。

二、价值异化与文化符号的消费化

（一）非遗精神内涵的商业简化

非遗项目在转化为商品或者旅游产品的时候，往往会遇到价值表达变得简单以及符号化这样的情况。为了能够满足消费审美的需求，传统技艺当中的那些象征符号会被提取出来，经过重构甚至再造之后，进而形成契合“打卡”“拍照”“社交分享”这些需求的可视化要素。非遗所承载的伦理方面的意义以及文化层面的精神往往会被边缘化，抑或被遮掩起来。就好比苗绣、苏绣这类传统刺绣，在进行文创化设计的过程中，仅仅被当作装饰图案来使用，然而却没有将它背后所蕴含的“女红文化”“家族叙事”还有“宗教祝福”等诸多文化维度给传达出去。这种在消费逻辑驱动之下的非遗表达方式，其实只不过是对于“文化表皮”的一种再利用而已，并非“文化本体”的复兴状态。

（二）文化空间的扁平化与符号景观化

非遗在文旅开发里通常会被植入特定的景区或者主题街区，这些空间一般会借助布景、道具、服饰以及语言等方面来营造出所谓的“民俗氛围”。不过，这样的空间建构多数是以消费动线当作核心来展开的“文化情境模拟”，最终把原本复杂且有多个层次的文化场域给压缩成了单纯的“打卡景观”。就好比某些“非遗村落改造”项目当中，凭借快速地修缮使其看起来像旧的样子、让服装和口号保持统一、安排好固定的流程，从而构建出呈现出“文化整齐划一”样子的表面景观，可这样一来就把村落里实际存在的代际传承情况、家族结构状况以及日常交往的真实情形都给遮蔽了起来。这种被符号化了的空间虽说对游客识别相关事物有所帮助，但同时也致使非遗文化的“原真性经验”变得无法触及了。

三、主体替代与话语权的失衡重构

（一）地方社区在表达权中的边缘化

非遗属于“活态文化”，其中心要点在于传承群体主动参与以及积极创造。不过在商业化情境之下，非遗表达权慢慢朝着外部资本、平台机构或者旅游策划公司那边倾斜过去。原住民以及传承人常常变成“参与者”，而不是“主导者”，他们对于非遗发展路径所具备的决策能力受到了限制。比如说，部分非遗项目的展示内容、演出形式还有产品设计，全都是由外部设计团队来把控主导，而传承人仅仅充当“表演执行者”或者是“工艺劳力”的角色。这样权力结构发生改变之后，不但剥夺了传承群体的文化主权，而且有可能致使他们对非遗文化的认同感以及归属感有所减弱。

（二）平台逻辑对非遗表达方式的重塑

随着新媒体传播不断发展起来，非遗内容逐渐更多地依附于短视频平台、直播平台抑或社交媒体之上。这些平台所具备的推荐机制以及流量算法，往往更倾向于去推送那种节奏较为明快、画面特别精致且故事清晰易懂的内容风格，如此一来便促使非遗表达朝着“快节奏”“视觉化”“娱乐性”这样的方向转型。就好比说，传统木作技艺在短视频当中会被剪辑成只有数十秒长的“变装”视频，而传统节日则会被包装成所谓的“民俗体验节”，原本蕴含的文化深度也被浅层感官刺激给替代。这种由算法所引导出来的文化再造情况，重新构建了非遗的传播路径还有话语逻辑，并且在不知不觉之间也对传承群体的自我表达方式以及文化认同框架产生了影响。

非遗文化的“本真性”并不是对商业化开发加以排斥，其关键在于怎样于市场逻辑以及文化逻辑二者间构建起平衡的机制，进而达成保护和利用这两方面的目标。未来非遗文旅协同发展之时，应当秉持“社区为本、文化为核、产业为用”这样一些基本原则：在机制方面引入社区共治的模式，以此来保障原住民还有传承人在其中的话语权以及决策权；在内容层面强化文化阐释的体系，提高游客对于非遗所蕴含的精神价值的理解程度；在传播环节优化平台推荐的逻辑，鼓励其开展深度内容的生产以及拓展知识普及的途径。只有建立起以文化主体当作中心的协同开发机制，才能够切实实现非遗的可持续传承以及文旅融合的健康良好发展。

第二节　非遗传承人断代与人才保障机制

非物质文化遗产属于“活态文化”，其存续和繁衍很大程度上依靠人的因素。传承人一方面承载着非遗技艺方面的知识，另一方面还是文化精神得以延续的关键所在。近些年来，因为社会结构发生了重大改变、人口迁移速度加快以及职业吸引力有所降低等诸多因素交织在一起，我国部分非遗项目慢慢呈现出传承人断代的情况，在传统工艺、民俗技艺以及古老戏曲这些领域，这一情况显得格外突出。传承群体出现老龄化状况，青年群体对于接续传承的意愿不够强烈，并且传承路径方面的制度存在缺失，这已然成为非遗保护工作当中颇具风险性的结构性隐患。这样的断代现象不但给文化多样性的延续带来威胁，还极有可能导致非遗体系内部出现断裂以及功能失调等问题。所以，构建起完善的非遗人才保障机制，既是开展“文化抢救”工作的迫切任务，同时也是文旅协同机制实现可持续发展的重要战略支撑点。

一、非遗传承人群结构的断层化风险

（一）核心传承人老龄化与知识流失加剧

依据近些年文化部门所开展的普查数据来看，相当多的国家级以及省级非遗项目的代表性传承人，他们的平均年龄已然超过了60岁，并且有一部分项目甚至连活跃的传承主体都找不到了。要知道，传统非遗技艺通常都是凭借“口传心授”这种方式来传承的，其技法还有理念全都依靠传承人亲身去实践以及长时间的积累沉淀而来，要是没有一个行之有效的接续机制，那么这些技艺就会面临着一种不可逆转的消逝危险。就拿某地的传统漆器技艺来讲吧，其工序极为复杂，工艺逻辑也相当烦琐，已经很难通过图文或者影像的方式将其完整地复刻下来了，老一辈的匠人一旦失去了，那就等于是出现了“知识断链”的情况。

（二）青年传承人吸纳机制薄弱

当下青年一代对于非遗项目所呈现出的兴趣状况有着颇为显著的分化态势。就一方面来讲，有个别新兴传承人依靠短视频以及文创联名等途径成功走红，进而吸引了数量不菲的年轻从业者；然而从另一方面来看，绝大多数非遗门类由于贴有“冷门”“苦技艺”以及“收益低”这类标签，故而在职业吸引力方面有所欠缺，致使青年群体的整体参与率处于偏低的水平。尤其是在基层农村地区，随着人口出现外流的情况以及教

面临后继人才困境的北京非物质文化遗产——通草花

育结构进行调整，不少原本呈“家族型”或者“村落型”的传承体系已然难以维系下去。这样一种呈现断层化的趋势，不但使得非遗技艺的延续性会受到削弱，而且也让非遗保护会缺失内生的人力基础支撑。

二、人才培养机制的制度性缺位

（一）传统传承模式与现代教育体系的脱节

长期以来，非遗传承主要依靠“师徒制”“家族制”，重视个别经验与技艺积累，缺少可复制的标准化途径。现代职业教育体系大多以知识模块与课程制为主，两者间尚未达成有效融合。非遗项目进入高等教育体系的比例很低，传统技艺类专业大多处于边缘状态，缺少系统教学设计与配套资源。如戏曲、雕刻、纺织等专业在很多高校属于“非热门科目”，招生人数持续下降，人才断档风险不断增大。

（二）缺乏多层级的梯度培养体系

当前我国针对非遗人才所给予的支持，大多聚焦在“代表性传承人”的遴选以及扶持方面，然而缺少构建从启蒙学习者、中级工匠一直到高级技艺人这样全过程的人才梯队建设机制。特别是在地方层级层面而言，除了省市级项目之外，众多乡村非遗项目都缺少清晰明确的培养路径以及相应的保障制度，年轻传承人往往会遭遇“无师可学”“无场可练”“无资可补”这三个方面的困境。这种呈现出“高端有扶持、基层无依托”特点的结构失衡状况，对非遗人才资源的可持续生成能力形成了极为严重的制约作用。

三、社会支持系统的不足与文化激励的失衡

（一）传承人职业保障体系不健全

非遗传承人在职业认同、收入保障以及社会福利等诸多方面大多都处于一种“边缘状态”。大多数传承人是以个体劳动者的身份存在的，他们普遍缺乏稳定且持续的收入来源，也没有明确的职业发展通

道，其开展传承活动的行为往往靠的是个人内心的情怀，并非依靠制度层面给予的激励措施。就算是在一些政策扶持的项目当中，所给予的资金支持也大多是属于临时性的补贴，并没有形成能够长期发挥作用的保障机制。

（二）文化传播话语场中传承人的“隐身化”

在非遗内容借助媒体展开传播活动的过程中，传承人往往被边缘化处理，沦为所谓的“背景人物”，他们的技艺展示以及文化见解也很难有效地融入传播的主要脉络当中。很多以“非遗”作为主题的电视节目、旅游方面的宣传内容又或者是文创产品，在很大程度上仅仅是对视觉符号以及观赏效果予以关注，然而却将传承人作为“文化解释者”“故事讲述者”所具有的主体身份给忽视掉了。这样的一种“隐身化”状况使得传承人在文化层面缺少应有的尊重，并且职业方面也没有相应的光环，这无疑进一步降低了他们在公众认知里所处的价值地位，对于营造有利于人才培养的社会氛围是极为不利的。

四、构建非遗人才保障机制的协同路径

（一）建立多元协同的梯度培养机制

要冲破“单一依赖型”人才培养理念的束缚，搭建起一个分层式的人才成长路径，这个路径把“学徒培养”“技艺实训”“师承认证”以及“产业孵化”整合到了一起。在中小学阶段，将基础非遗课程融入其中，以此来唤起儿童对于文化的兴趣。而在职业院校以及高等教育领域，要设立像非遗工艺、非遗管理这类交叉专业，并且引入“双导师”机制，推动传承人和教育者共同开展育人工作。在社区与乡村层面，去建设“非遗传承示范基地”，促使学习空间在当地的有效嵌入。

（二）完善传承人社会保障制度与激励政策

要以立法的形式来明确非遗传承人的职业身份，而且要把他们纳

入基本的社会保障体系当中。去探索着建立所谓的“非遗社保专项账户”以及“职业年金制度”，以此来提升传承人所从事的职业的尊严程度，同时也让他们的生活更加稳定。与此还应当设立起“青年传承人培育基金”，用以支持这些传承人参与到国内外的各种研修活动里来，让他们能够开展驻地实践方面的相关工作，也能够投身于展演推广等一系列的活动当中，进而增强他们在职业发展方面的通道畅通性，也能提升他们获得社会认同的感觉。并且在税收方面、创业方面以及场地等方面给予定向的扶持举措，从而降低青年人才进入这个行业当中的门槛限制。

（三）重构公众传播机制中的传承人主体地位

在媒体、展演以及数字平台这类非遗传播的渠道里面，要把传承人确立成文化传播方面极为关键的核心主体。借助纪录片、人物访谈还有互动讲座以及非遗进校园等不同的形式，充分展现传承人的文化思想、创作逻辑以及生活图景，促使传承人从原本默默无闻的“幕后工匠”逐步走向能够广泛传播文化的“文化代言人”。积极推动平台算法方面的优化工作，提升对传承人所涉及深度内容的推荐比例，进而形成一种将“技艺”“故事”“精神”融合在一起的综合传播模式，以此来引导社会公众去形成对于文化劳动予以敬重、对于匠人精神给予尊重这样的一种价值方面的共识。

非遗传承人出现断代这一问题，并不是单纯在教育或者文化某一个层面上所面临的挑战，它实际上是一个综合性很强的议题，涉及制度方面的设计、职业方面的结构情况、社会的认知状况以及产业的机制等多个方面。所以说，得运用系统治理这样的思维来着手构建起非遗人才保障方面的长效机制，进而达成将“文化使命”和“职业发展”这两者加以整合的目标。在未来开展非遗协同机制的建设工作之时，应当着重凸显出“以人为核心”这样一条保护路径，借助制度的嵌入方式、组织之间的协同作用以及社会层面的动员举措，以此来激活传承的动力、培育形成传承的梯队、重塑相关的文化认同，从而促使非遗保护能够从单纯的“个体责任”逐步转变为“系统共治”的局面，从应急式的“抢救性保护”顺利过渡到更为完善的“生态性传承”阶段。

第三节　文旅开发过程中的生态承载风险

“非遗+文旅”融合模式在持续深化的进程里，数量颇多的非遗项目逐渐被纳入旅游开发的范围当中，进而转变成了推动区域经济发展以及激活传统文化的关键驱动力。不过，在文化效应以及经济效应得以快速释放的这个阶段，其背后所存在的生态环境方面的压力问题也一天比一天凸显出来。尤其是在那些生态较为敏感的区域、民族较为集中居住的地区以及有着传统特色的村落，文旅项目的集中展开开发活动往往会导致土地利用出现过度情况、水土资源处于失衡状态、生物多样性遭到破坏以及空间景观呈现退化等一系列的生态方面的问题。这样一种“文化繁荣”和“生态超载”同时存在的矛盾状况，一方面体现了非遗文旅协同机制还没有完全健全的事实，另一方面也成了促使实现高质量融合发展的实际难题。

一、非遗文旅开发中的生态承载特征与风险表现

（一）空间容量限制下的生态紧张局面

非遗旅游多依托原生态村落、传统街区或自然景区进行布局，这些区域本身生态承载能力有限。一旦游客量突破阈值，往往导致道路拥堵、垃圾泛滥、水电紧张、噪声污染等问题。例如，某传统古村在节庆期间日均接待游客超两万人次，造成公共设施瘫痪、河道污染加剧，村庄居民怨声载道。文旅开发所依附的生态基础设施常因缺乏科学评估与适度扩容而面临系统性崩溃风险。

（二）旅游基础设施扩张对自然系统的侵蚀

为了契合文旅接待方面的诸多需求，不少非遗景区加快了道路硬化工程的推进速度，停车场建设以及民宿改造等相关项目的开展也不断提速，在此过程中，原有的生态植被遭到了大面积的清除处理，像湿地、林地还有水系这类生态空间更是受到了难以逆转的压缩以及割裂情况的影响。甚至有些投资方为了实现“古村速成”这样的目标，在山地、水岸等格外敏感的区域展开颇为强势的开发活动，如此一来便对原本的地貌结构以及自然生态链条造成了破坏。就好比某地以非遗刺绣作为主题去打造文旅小镇，在开发刚开始的时候，当刺绣技艺还没有完全融入空间设计之中的时候，便开始了大规模的填湖造地行为，最后使得湿地生态系统出现了极为严重的退化状况。

（三）旅游行为对微生态系统的扰动

游客在景区内频繁开展各类活动，特别是存在跨区域的流动以及出现大规模的集中聚集情况，这往往会给脆弱的生态系统带来“点—线—面”形式的干扰。就好比说，游客不停地踩踏古道，随意攀爬古树，广泛使用一次性餐具，并且随意乱扔垃圾，如此一来，既破坏了地表的植被，也对微生物层造成了影响，而且还致使野生动植物的栖息地呈现出破碎化的状况。长久以往，原本是依靠自然环境而形成的非遗生态，渐渐地失去了其“环境—文化—社区”这种复合性的基础，非遗最终也会因为生态的退化而变成空壳式的表演。

北京春节庙会中人潮涌动

二、治理能力不足与生态评估机制缺失

（一）缺乏开发前的系统性生态承载评估

在当下文旅项目的申报以及审批流程里面，生态影响评估往往只是用形式化的报告来代替实质性的研判工作，对于非遗旅游所特有的那种特殊的生态负荷，也缺乏精准的测算手段。有些项目把GDP导向当作开发的依据，却忽视了对生态系统阈值展开科学的测算，进而出现了“开发过度—环境恶化—客流锐减”这样的恶性循环状况。尤其是在传统村落以及民族聚居的地方，生态与文化这两个系统是高度耦合在一起的，一旦受到任意的扰动，就有可能同时造成生态环境和文化传承两方面的双重损失。

（二）地方政府生态治理能力有限

基层政府在推动非遗文旅融合时，常常碰到财政方面压力颇大、技术层面支持偏弱以及人员配备数量较少等诸多实际困境，很难去构建起高效能的生态风险识别与调控体系。有些项目明明已经出现了较为明显的生态退化迹象，然而地方相关部门却往往会由于政绩考核方面的压力，进而做出“观望处理”或者用“补救来代替预防”这样的选择，生态治理明显缺少前置性的机制以及常态化的手段。就好比在某省开展的“非遗+森林公园”项目实施进程当中，原本的生态林地因为开发活动而被大量地砍伐掉了，虽说后期进行了补植绿化操作，可终究是没有能够恢复到原有的生态功能以及水文结构状态，其治理所取得的效果也是相当有限的。

（三）多元主体参与度低，生态共治机制缺失

在当下非遗旅游开发进程里，生态治理往往是由政府来主导或者交由企业去执行，然而却把社区居民、非遗传承人以及生态组织等多元主体所拥有的参与权与监督权给忽视掉了，由于缺少协同治理方面的机制，这就使得生态保护的责任归属变得模糊不清，并且协作机制也出现了断裂的情况。就好比某个民族村落在推进民俗演艺项目能够

顺利落地实施的时候，没有去征求村民的意见，结果演艺广场在选址的时候占用了耕地，这便激化了居民和开发方之间的矛盾，最终使得该项目长时间处于搁置的状态，导致生态与文化双双遭受损失。

三、非遗生态价值的隐性消解与系统性后果

（一）生态破坏反噬文化景观的体验价值

非遗文化往往是在特定的自然环境下孕育出来的，像傩戏是依靠山林这样的环境，茶文化则是依附于水系，古法制陶得靠黏土资源。要是生态环境受到了破坏，那么这些文化实践所存在的现实场域也会随之消解掉，其原有的“场景感”“原真性”以及“文化记忆”也就难以持续下去了。就好比某地有一个以“梯田文化”作为核心的非遗景区，因为修建了索道和大型观光平台，把梯田灌溉系统破坏了，结果导致梯田荒废掉了，农业也中断了，使得原本的文化景观变成了只是形式上的复刻而已。

（二）生态危机放大文旅协同机制的不确定性

一旦生态系统出现失衡的情况，那么文旅项目的运营风险也会跟着一同上升，其具体表现包括游客的体验有所下降、景区的运营成本不断上升、品牌形象受到损害以及地方财政的负担变得更加沉重等一系列后果。并且，生态方面的问题常常带有“滞后效应”以及“累积效应”的特点，也就是说，哪怕是在开发刚开始的时候并没有出现什么风险，可过了好几年之后，它也极有可能会以水体遭到污染、土壤出现退化或者发生公共卫生事件这样的形式给暴露出来，进而对文旅融合机制的稳定性造成进一步的冲击。

四、构建非遗生态承载治理机制的路径建议

（一）嵌入式生态评估体系的制度化构建

在非遗文旅开发从立项到建设的整个过程里，得引入嵌入式生态

评估体系，这体系要涵盖生态资源调查、环境影响评估、风险模拟以及承载限度分析等方面，还要建立起“生态红线”和“文化底线”这两种约束机制。特别是针对传统村落、山地水域、民族聚落这类生态敏感区域，要明确“可开发区”“缓冲区”“禁建区”的分区标准，防止过度开发致使生态链出现断裂情况。

（二）推进生态友好型非遗旅游空间重构

秉持“轻开发、微介入、可逆性”这一原则，促使非遗旅游空间从“建设驱动”模式朝着“生态协同”模式去转变，在开展基础设施布局相关工作时，着重关注材料要环保、排放能够得到控制、结构具备可拆卸的特点，以此来防止对自然地貌形成永久性的破坏情况出现，在进行景区设计的时候，把生态修复理念融入其中，同时结合雨水收集、绿色屋顶以及自然导引系统等方面内容，重新塑造人与环境之间那种友好的关系，比如可以在非遗村落当中设置生态研学路径，以此来引导游客采用“慢行慢赏”的方式，从而减少对生态点可能产生的冲击。

（三）建立多元共治的生态管理体系

把生态治理纳入文旅协同机制治理框架当中，以此来推动“政府、企业、社区以及环保组织”形成多元共治的格局。在项目立项还有执行的过程里面，设立生态审议委员会，给村民以及传承人赋予知情权、参与权以及否决权。去探索“生态绩效考核机制”，把生态保护所取得的成果当作地方政府以及项目方的重要考评指标。借助社区协议、共管规则等这些方式来构建生态共同体，进而达成“生态保育、文化传承以及社区发展”三位一体的目标。

非遗文旅若想实现高质量发展，那么仅仅提升经济效率以及文化深度是不够的，还需要有能够从根本上对生态系统稳定性予以保障的内容。在文旅开发过程当中所存在的生态承载方面的问题，这在文旅协同机制里恰恰是最为脆弱、最为隐蔽并且最为关键的一个风险环节。只有把生态因素放在协同治理的关键位置上，通过推动制度方面的前置工作、对路径加以优化以及让各个主体共同参与治理等方式，才能够促使非遗文化、生态文明还有旅游经济有机地融合到一起，进而迈入一个真正具备可持续性的协同发展全新阶段。

第四节　知识产权保护制度的缺失与完善路径

非物质文化遗产属于一种群体性、历史性以及在地性的文化表达方式，其价值一方面体现在能够承载文化身份，另一方面还在于其中蕴含着创造性的智慧以及社会生产力。不过在“非遗+文旅”协同融合推进的过程中，非遗内容常常被商业化利用、文创化再造以及数字化传播，这使得知识产权保护制度体系的缺陷较为明显地显露出来。传统产权理论是以个人创造以及所有权清晰明确作为前提条件的，然而非遗大多源自民间集体创造，存在权属不够清晰、表达形式较为开放以及再现路径多种多样的复杂情况。

一、现行知识产权制度的适用盲区

（一）权属归属不明导致保护对象界定模糊

非遗通常凝聚着历史的积淀以及群体的智慧，其创作者并非单一的主体，而是呈现出跨代、跨群体的动态参与态势。传统知识产权制度秉持着“创作者唯一、成果唯一”这样的逻辑与标准，这很难与非遗所具有的多元主体共创、长期演化以及非物质性表达的特性相适配。就好比某地的传统剪纸工艺，存在着多个流派以及传承脉络，归属方面的争议时常出现，进而使得版权登记难以顺利推进，这一情况既对传承产生了影响，同时也对开发形成了阻碍。

（二）表达形式的非定型化使版权难以界定

诸多非遗内容是以口头传承、行为技艺以及现场演绎等途径存续的，没办法形成那种能够固定表达的作品形态，所以很难符合《中华人民共和国著作权法》里“有形表现形式”这一基本要求。就好比某地祭祀仪式所配套的音乐和舞蹈，既没有乐谱加以记录，也没有标准动作模板，它的完整性仅仅能够依靠现场的情境，然而这种并非定型且具有过程性的表达是难以被现有的法律框架所识别并予以保护的。

（三）商标与专利制度无法覆盖非遗文化核心

在非遗文旅产品当中，“××工艺”“××古法”这类传统名称的应用较为普遍。不过传统技艺并非由某个特定机构或者企业所专有，所以对其进行商标注册或者申请专利，往往会面临伦理方面的争议以及技术层面的障碍，进而很容易出现“注册霸占”的情况，又或者是导致“文化割裂”。就好比某家企业抢注“景泰蓝”商标所引发的在全国范围内引起争议的事件，这无疑将商标注册和集体文化权益之间存在的冲突给凸显了出来。

二、非遗产权缺失带来的多重现实风险

（一）“文化挪用”现象频发削弱文化尊严

在没有获得相应授权的情形下，部分文创产品、演艺节目以及商业项目径直借用了非遗符号、服饰、语言、民俗元素等展开再创作，进而形成了“去脉络化”的符号利用情况，使得文化主体逐渐处于边缘化的态势。就像某景区推出了“苗族婚礼秀”这一项目，其使用外地的演职人员来复制婚俗仪式，并且并未得到当地社区的认可，最终引发了文化主体的抗议行为。

（二）开发成果流失造成经济权益错配

在推动非遗开发时，很多地方都缺少产权登记以及收益分配方面的机制，这就使得文创设计者还有平台机构成为经济上的受益主体，反倒是原始的非遗传承人被边缘化了。就好比某个非遗手工艺品牌因

为电商而大火，实现了年销量过亿，可是当地的传承人仅仅获得了微薄的代工费，这也引发了“文化使用权”和“经济收益权”之间严重的脱节情况。

（三）产权纠纷阻碍非遗产业链规范化发展

在跨地区以及跨平台开展推广活动的时候，非遗作品往往由于权属方面不够清晰明确，并且相关法律存在缺失的情况，而陷入侵权方面的争议当中，或者导致合作被迫终止。就好比说，有一部影视作品因为使用了某地的传统戏曲改编而成的音乐，结果就被起诉称“侵犯民间文化权益”。由于权利主体很难去准确界定，所以这个案件一直拖延了很久都还没有得出最终的结果，这无疑对文化传播以及产业合作的信任基础产生了十分不利的影响。

三、非遗知识产权制度构建的现实基础与国际借鉴

（一）国内制度探索初现端倪但系统性不足

近些年来，我国陆续出台了一系列法规，如《中华人民共和国非物质文化遗产法》《传统知识保护指南》《地理标志产品保护规定》等，借助这些法规渐渐把对非遗知识的权利表达纳入其中，不过到目前为止，并没有形成一个统一且成体系的“非遗知识产权保护法典”。从实践的角度来讲，部分地区的相关部门或者机构试着采用集体商标、地理标志以及传统知识数据库等多种方式来开展确权以及维权方面的工作，然而即便如此，依旧面临着诸多难题，比如法律适用起来不够清晰明确、利益分配机制也比较脆弱无力等情况。

（二）国际组织推动传统知识保护新机制

世界知识产权组织（WIPO）已经设立了“传统知识与文化表达政府间委员会”，其致力于推动各国去制定那些能够与地方文化产权特性相适配的政策工具，并且着重强调“集体权利”“非标准表达”“社

区共治”等一系列原则。像印度、秘鲁、肯尼亚等国家，在传统医学、民间手工艺、仪式音乐等诸多领域，已然设立起了诸如“社区登记册”“传统知识数据库”“使用授权协议”之类的机制，这些是很有借鉴价值的。

四、完善非遗产权保护制度的协同路径构建

（一）构建以“集体权属”为核心的制度逻辑

要突破现有知识产权制度里所存在的个体主义逻辑，去确立起一个以“社区当作单位、文化群体作为主体”这样的非遗权利确认框架。要着手设立“非遗文化群体权属登记制度”，要清楚明确某一项技艺、仪式或者符号是由特定的族群又或者是村落来持有的，并且赋予其能够凭借集体协商的方式去行使使用权、授权权以及监督权。

（二）发展多元化的非遗确权技术工具

依靠区块链、数字水印以及知识图谱等诸多数字技术来构建非遗元素的“时标存证系统”，针对技艺流程、语言文本、图案符号还有音乐节奏等各个要素展开编码建档工作，进而形成能够经得起验证的数字凭证，积极推动国家级“非遗知识库”平台的建设，达成信息公开、权属可追溯以及使用可控的目的。

（三）构建分级分类的授权与收益分配机制

依据非遗资源所呈现出的表达特性以及其商业化程度的实际情况，去设立“共享使用”“有限授权”“特许经营”这三种不同类别的授权模式，同时把社区议会、政府部门还有开发机构等三方都纳入进来共同参与其中，进而构建起一个利益协调的平台。在经济收益的分配环节当中，专门设立“社区文化发展基金”，该基金主要用于公共建设方面的工作、针对传承开展的培训事宜以及文化教育相关事务，以此来形成一个能够起到激励作用并且可以实现反馈的闭环体系。

（四）加强法律保护与维权支持机制建设

建议对《中华人民共和国著作权法》《中华人民共和国专利法》里的非遗相关条款予以完善，增设专门针对“非物质文化集体表达”的保护类别，明确各类侵权的具体类型以及责任承担的方式。要建立起非遗维权的法律援助机制，组建起“非遗法律支持专家库”，以此给社区提供花费成本较低且效率较高的知识产权方面的服务，促使权利得以实现和法律知识得以普及这两方面能够同步推进。

非遗知识产权的保护事宜，其重要性不单单体现在对文化资源安全以及正义层面的牵涉上，还在于它对于文旅融合路径所具有的合法性、可持续性以及道义性方面都有着极为关键的影响作用。就目前的情况来看，存在着权属不够清晰明确、相关制度推进速度滞后以及盗用行为频发等一系列的困境情况。在这样的背景下，务必要将文化集体权当作核心的理念导向，并且把制度创新作为达成目标的工具手段，进而构建起能够与非遗特性相适配的产权保护体系。只有做到这一点，才能够在文旅融合进程不断加速发展的过程当中，牢牢守住文化方面的底线，达成共享式的发展成果，促使非遗切实转变成为能够真正实现可持续发展、可以顺利传承下去并且具备变现可能的社会公共财富。

第五节　突发事件冲击下的系统韧性评估

随着非物质文化遗产和文旅融合进程的持续推进，其系统结构变得日益复杂起来，涉及多元主体、跨层级治理以及产业协同网络等方面。不过，这一融合系统在遭遇突发性、破坏性事件的时候，所表现出来的系统韧性能力存在着相当大的不确定性。就像2020年突然出现的新冠疫情，还有地震、洪水、火灾这类自然灾害，又或者是政策环境以及国际局势出现的剧烈变化等情况，都有可能给非遗文旅系统带来严重的干扰，甚至造成致命的打击。突发事件给非遗传承活动、旅游接待功能、文化演出机制、文创产品链条等方面带来的“链式冲击”，更是进一步凸显出当前非遗文旅系统在应急响应、风险防控以及恢复能力方面存在的系统性不足之处。

一、突发事件对非遗文旅融合系统的冲击表现

（一）公共卫生事件对线下传播链条的切断

在疫情期间，像非遗展演、节庆活动、线下教学以及手工坊这类活动，大多都不得不停止或者取消了，以往文化传播所依靠的现场参与这种方式也陷入了困境，比如说，在春节期间本该举办的国家级传统庙会，因为防疫措施的缘故，全部都被叫停了，这就使得传承人的收入大幅减少，项目重新启动起来也有诸多困难，非遗项目也因此进入了“断档—沉寂—流失”这样一个风险极高的阶段。

（二）自然灾害对空间场域与基础设施的破坏

众多非遗项目往往依附特定的地域空间来开展相关活动，像古村落、山地梯田以及河谷集市等。要是这些地区不幸遭遇地震或者山洪这类灾害，那么其基础设施极有可能会被摧毁掉，活动空间也会受到限制，如此一来，既会对接待以及展示工作产生影响，还很有可能致使文化实践场域出现不可逆的丧失情况。就好比在2021年河南发生暴雨期间，有多处民俗村落受到了洪水的猛烈冲击，其中部分非遗工坊更是直接被毁，连文化载体都难以进行修复了。

（三）政策波动与宏观环境变化的间接影响

突发性的政策方面出现的变动情况，就好比土地使用方式做出调整、景区等级予以重新核定、疫情管控措施不断升级等这类情形，是有可能给非遗文旅融合系统带来间接性的冲击影响的。其中有一些项目因为政策有所收缩的缘故而被取消了，那么与之相关的原有的资金

体系、人员安排以及渠道系统等都会跟着出现解构的状况，原本能够较为顺畅运转的协同网络也会由此陷入一种中断的状态之中。

二、非遗文旅系统脆弱性的多维透视

（一）节点过于集中，冗余性不足

当前非遗文旅融合系统往往依靠“单一节庆”“代表性景区”抑或“头部平台”，其系统结构呈现出一种强中心而弱辐射的失衡态势。要是核心节点出现瘫痪情况，那么整体的运转能力便会很快地出现下降状况。就好比某个知名的非遗集市受到疫情的影响而被取消了，与之串联起来的几十个非遗项目紧接着便陷入了停滞的状态，而且缺乏能够替代的路径。

（二）应急机制不完善，响应迟缓

多数非遗文旅项目都欠缺专业的风险评估以及灾后恢复预案，在面临突发情况的时候，往往会呈现出“停摆—观望—被动等待”这样的反应模式，并且还缺少应急队伍、联动机制以及信息协同平台。就好比某一个旅游小镇在遭遇洪水之后，它的应急预案仅仅只是针对景区游客的疏散情况，然而却没有把非遗展示点以及手工艺作坊包含进去，最终使得后期的重建工作陷入了混乱的局面。

（三）风险意识淡薄，决策迟滞

非遗项目的主导者大多为文化工作者以及基层治理人员，他们往往对于风险缺少系统的认知，并且没有把韧性治理纳入规划的考虑范围当中，过分地依靠“经验主义”以及“惯性思维”。当突发事件出现的时候，很难做到及时地整合资源、调整方案以及转向替代性的传播路径，这就导致了资源配置的效率比较低，并且恢复的时间也会有所延迟。

三、突发事件下的系统韧性评估维度与指标构建

（一）考察核心功能在扰动中的持续性

关键评估指标涵盖文化传承不能出现断档的情况（比如线上授课的替代比率）、游客获取信息的延续能力（例如预订取消以及转化的比率）、传承人工作的替代机制（像代工网络启动的速度）等方面。

（二）衡量应急物资与人力的动态分配力

评估要素涵盖应急资金动用的速度、志愿者储备的水平以及线上线下资源切换的效率等方面，这些要素能够体现出系统在短时间内重新配置资源的能力。

（三）考察信息传递、预警响应与沟通效率

关注指标涵盖了多元主体间的信息同步机制、平台应急信息发布的速度以及社区内部协商与共识形成所花费的时间等方面。

（四）评估文化生态与物理生态的修复效率

包括文化活动重启周期、游客信心恢复时间、文化设施修复率、生态景观恢复程度等。

四、提升非遗文旅融合系统韧性的路径建议

（一）构建以"多中心冗余"为基础的系统结构

积极倡导构建起多个非物质文化遗产活动节点，设立分布式文旅接待点，并且打造异地可替代空间，切忌将所有的资源以及功能都集中在某一个单一的场所当中。在文化传播方面，要大力推动"线上线下相结合"以及"多平台协同发力"这样的布局方式；在运营组织层面，则要鼓励采用联合体以及联盟制的运行模式，进而形成多中心的备份机制。

（二）建立前置化、情景化的应急预案体系

结合非遗项目自身的特点，分类制定出"常规扰动""中度冲击"

以及“重大灾害”这三类不同的情景脚本，进而形成动态预警的相关机制以及各个阶段的应对策略。要把非遗展示、传承教学、文化演艺以及民俗活动等都纳入地方政府所设立的灾害预案体系当中，并且强化文旅企业还有社区组织之间的联动响应机制。

（三）发展数字化支撑平台实现“弹性运营”

借助大数据以及云平台来构建非遗资源管理系统和灾后恢复模型，利用VR展演、在线市集、数字课程等途径去构建替代性的文化传承链条，以此达成在非现场参与的情形下传承也不会间断的目标。着手建设“文旅韧性管理云平台”，将资源调配、信息发布、项目管理与反馈追踪的数字通道予以打通。

（四）培育风险意识与治理能力双提升的主体生态

要借助培训、模拟演练以及研讨机制等途径，提升传承人、文旅从业者还有政府管理人员对于突发风险的认识水平以及应对能力，促使“文化管理”朝着“系统治理”的方向去转变。可设立“非遗系统风险教育基地”，组织开展风险评估方面的实训活动以及灾后重建案例的学习活动，进而构建起跨部门且跨层级的韧性治理人才体系。

非遗文旅融合系统的协同机制，既要于平稳运行之际着力追求效率，又要在遭遇突发扰动之时充分展现自身的弹性、协调以及重构能力。处在这个风险日益呈现出常态化趋势的时代大背景之下，韧性思维理应成为非遗系统建设所遵循的基本逻辑，韧性评估也应当成为政策设计当中不可或缺的前提条件。只有做到这样，才能够切实保障非遗文化在未来诸多的不确定性情境之中不会出现中断的情况，并且能够不断地实现重生，进而使“文化—旅游—社会”系统在遭受冲击之时能够协同完成转型，并且持续实现进化的最终目标。

第九章　面向未来的非遗文旅融合战略思考

第一节　国家文化战略与非遗文旅协同方向

在全球文化多样性重新得到评估以及国家软实力竞争不断加剧这样的时代大背景之下，非物质文化遗产的保护工作以及传承事宜，早已不再仅仅是文化部门所关注的专业方面的话题了，而是已经进一步上升到了在国家整体文化战略部署当中占据着极为关键位置的核心内容层面。与之相应地，文旅融合作为在新时代里推动中华文化实现创造性的转化以及创新性的发展的极为重要的一种手段，为非物质文化遗产的活化呈现方式、在市场当中的传播途径以及社会各方面的参与情况都开拓出了十分广阔的空间。

一、国家文化战略的多维导向与非遗发展的系统支撑

（一）文化自信战略为非遗文旅融合注入核心价值动力

国家对文化自信的战略地位予以高度重视，着重指出中华优秀传统文化在当下的表达形式以及价值层面的认同情况。非遗属于传统文化极为重要的承载形式，其保护与利用被赋予了弘扬中华文明连续性以及强化国家认同感这样的政治使命。在这样的导向影响之下，非遗项目并非仅仅对文化符号加以留存，而是成为"讲好中国故事"以及"构建文化命运共同体"的关键战略支撑点。文旅融合已然成为促使非遗从"封闭传承"迈向"广域传播"的实际途径，进而达成文化传播力与影响力两方面的提升效果。

（二）文化惠民政策强化非遗在公共服务体系中的嵌入性

近些年来，国家一直大力推动基本公共文化服务朝着均等化的方向发展，把非遗项目归入城乡文化建设以及基层治理的相关内容当

中，接连出台了好多补贴方面的政策、扶持相关的项目还有公共设施方面的建设规划，积极鼓励非遗走进校园、走进社区、走进景区，以此来提升全民在文化方面所获得的那份实实在在的获得感。文旅融合已然成为非遗惠民的一种极为重要的媒介形式，非遗表演、展览活动、研学项目、工坊以及旅游空间相互协同地进行配置，从而让文化消费供给侧改革的响应能力得以进一步增强。

（三）文化产业政策推动非遗资源的市场转化机制

在国家“十四五”规划以及《“文化产业赋能行动”实施意见》等相关文件当中，清楚明确地提出要构建起以文化资源作核心的现代文旅产业体系，并且鼓励非遗资源采用IP化的方式、产业链化的形式以及科技化的途径来达成“文化—经济”层面的双向赋能效果。文旅平台、电商渠道、短视频传播以及文创孵化等诸多业态共同形成了非遗市场化转型的创新领域，促使非遗文旅协同从单纯的“项目制”逐步迈向更为完善的“生态链”状态。

二、国家战略视角下的非遗文旅协同方向转型趋势

（一）由“保护主导”向“活态利用”转型

传统针对非遗所制定的政策，大多着重于抢救性以及记录性的保护方式。然而在文化战略不断升级这样的大背景之下，更加强调借助文旅方面的路径，达成“社会嵌入—市场激活—文化共识”这样的一种状态，进而促使非遗能够重新回归到日常生活的各类场景当中，最终转化成为那种可以被人真切感知到、能够进行消费并且还能够让人参与进来的文化产品以及相应的体验机制。

（二）由“项目制扶持”向“系统性平台构建”转型

在国家方面予以推动的情况下，非遗文旅协同会从零散化扶持所处的困境当中摆脱出来，进而朝着以“区域文化综合体”“主题文化

带”“文旅融合示范区”等诸多层级平台当作载体的方向去发展，通过这样的方式来构建起一个集策划、展示、运营以及传播等多项功能于一体的系统化机制，以此提升非遗内容的整合能力以及协同组织方面的能力。

（三）由“线性推广”向“多元网络协同”转型

未来非遗传播不再是依靠“政府—媒体—公众”这样单一的方向路径来展开，而是朝着“传承人—平台—社群—游客”这种呈网络型的协作系统去发展，以此推动非遗能够融入城市更新、乡村振兴以及数字经济等诸多维度构成的发展空间当中，进而打造出一个“跨领域共生式文化生态系统”。

三、国家文化战略引领下的非遗文旅融合制度设计优化路径

（一）构建跨部门统筹的宏观协同政策体系

在国家层面应当设立专门针对非遗文旅融合的政策机制，要着力打破文化、旅游、科技、财政以及教育等各个部门之间存在的资源壁垒，进而达成政策叠加所产生的效应以及行政协同所具备的效能。着

中国非物质文化遗产馆藏玉雕——四海腾欢

手建立“国家非遗文旅融合协调委员会”，以此来推动相关政策目标保持一致、各项协同推进以及资源共享配置等方面的工作。

（二）优化财政与金融支持体系以保障项目落地

在国家文化金融改革框架范围内，应当设立“非遗文旅发展专项基金”，以此来引导社会资本、文旅基金以及产业投资等多种渠道投入其中，给予非遗小微企业以及个体工作坊开展数字化转型、产业链延伸以及平台化经营予以支持，并且探索像“文化资源抵押+信用评价+专项保险”这类的金融创新机制，从而缓解非遗主体在融资方面所面临的难题。

（三）推动法治化路径以提升非遗协同治理能力

在国家立法方面，需要强化《中华人民共和国非物质文化遗产法》和《中华人民共和国旅游法》《中华人民共和国文化产业促进法》等法规之间的制度衔接，增设“非遗文旅融合”的专项条款，明确主体权责、管理边界以及资源使用规则，提高治理机制的制度化、规范化以及程序化水平。

（四）构建国家级非遗数字工程提升融合基础设施水平

国家应当主导去建设一个“国家非遗数字资源云平台”，把数据库、图谱系统、语音视频档案以及AI应用接口都整合到一起，以此来推动非遗资源能够按照标准化的方式去采集，实现结构化的管理，并且能够依据不同场景来进行调度。要着力加强“非遗+文旅”应用接口方面的建设工作，从而支持全国各地打造出像“非遗+沉浸式旅游”“非遗+智慧导览”这类全新的融合服务场景。

四、协同方向下的未来展望与战略前提

（一）非遗将成为文化强国建设的重要标识

国家文化战略的重点在于构建在全球范围内有着影响力的那种中

国文化表达体系，而非遗因为自身具备根植性、可识别性以及叙事性这些特点，所以它会成为构建“文化身份”以及“文化主张”的关键标识资源。借助文旅协同的途径，非遗在世界文化格局当中是有希望能够赢得更为广阔的话语空间的。

（二）文旅将成为国家文化治理的承载平台

未来文旅已然超越了单纯的产业范畴，它实际上成了国家开展文化价值传播工作的平台，同时也是构建制度认同以及引导社会秩序的“软性平台”。非遗文旅协同将会从原先的“内容整合”阶段逐步升级，进而成为“国家文化战略执行机制”当中极为重要的一个部分。

（三）协同机制将走向“文化＋制度＋技术”三位一体

在复杂且多变的社会环境以及技术变革这样的大背景之下，非遗文旅融合协同机制应当从原本的“经验协同”逐步朝着“制度协同”“数字协同”以及“智能协同”去转变，进而达成文化治理在智能化、敏捷化以及系统化方面的转型目标。

国家文化战略的引入，让非遗文旅协同不再仅仅停留在“项目合作”层面的实际操作层面，而是变成了关乎国家文化安全、文明构建以及发展模式重塑的关键抓手。展望未来，得用国家视角来对非遗价值表达、资源重构还有制度设计加以统筹，促使非遗文旅协同从“路径探索期”进入到“战略整合期”。唯有抓住这个历史机遇，才能够切实达成非遗的国家化叙事、社会化转译以及全球化传播，为新时代文化强国建设源源不断地注入深厚的文化滋养。

第二节　区域协调发展与非遗资源整合机制

非遗文旅融合的推进实则是一项跨区域、跨层级以及跨系统的综合性工程，并且还是一项文化创新方面的实践举措。当下我国的非遗资源有着十分典型的地域分布方面的特征，然而文旅融合的能力却呈现出颇为明显的不均衡状况，具体表现为“资源富集的地方市场化程度较低，而旅游热点地区文化内容有所欠缺”这样的空间错配态势。与此非遗资源在行政层级、地域归属以及行业归口相互之间存在着较为严重的“权属不够清晰、开发存在重复情况、协同方面力有未逮”等问题，进而使得资源整合的效率不高、产业链条出现断裂的情况以及区域联动机制发展滞后等状况都出现了。

一、非遗资源分布与区域发展不均的现状分析

（一）非遗资源呈现“西部密度高、东部利用强”的结构特征

从国家非遗名录以及各省申报的具体情况来看，在西南、西北还有华中这些地区，传统技艺类以及民俗类的非遗项目数量呈现出较为密集的态势。这些项目所涉及的范围颇为广泛，涵盖了诸如语言、服饰、节庆以及手工等诸多不同的门类。它们自身具备着很强的文化原生性，并且有着不容小觑的表现力。受到交通条件、市场环境、相关平台以及政策等方面诸多因素的限制，这些地区的非遗项目在产业化方面的转化率是比较低的，游客对于它们的接受程度也存在着一定的局限性。与之相比，像长三角、珠三角以及京津冀这样的发达地区，凭借平台孵化、渠道集成以及文创转化等方式，成功地形成了较为显著的非遗市场化优势。不过，这些地区同样存在着“非源地产出”所引发的文化异位化方面的问题。

（二）区域文化协同机制缺失导致资源封闭与信息壁垒

虽然近些年来各个省份相继开展了非遗保护以及文旅融合方面的探索活动，然而大多数情况依旧停留在“省内统筹”以及“市域自治”这样的模式当中，普遍缺少跨区域层面的政策协调以及平台对接的相关机制。非遗资源很难跨越行政边界去达成共建共享的目标，进而

使得部分原本能够实现互补联动的文化项目出现了“重复开发”以及“竞争内耗”的情况。

（三）资源配置结构性失衡制约融合效率提升

当下非遗文旅融合期间，资源配置大多遵循“文化部门主导加上旅游企业参与”这一主要途径，呈现出“文化方面重视守旧，旅游方面侧重开发”的结构错位情况。部分地方项目在规划环节脱离了地域文化体系，缺少资源统筹方面的逻辑考量，进而出现了非遗内容杂乱无章、空间布局较为分散、产品形式大体相同等诸多问题，很难构建起区域文旅一体化的资源协同体系。

二、推动区域协调发展的非遗资源整合战略路径

（一）构建跨区域非遗协同发展区块体系

应当以文化生态圈作为基础，冲破行政方面的界限，促使那些“文化有着相同源头、在空间上相互邻近、资源能够彼此互补”的区域去建立起非遗协同发展联盟。比如“2025京津冀古建音乐季”的举办，

京津冀古建音乐季运河非遗——运河号子

活动在京津冀三地文物部门的联合指导下，京津冀属地文旅部门及北京古建馨生文化科技公司等携手承办，以“燕赵弦歌·三垣绕梁”为主题，以“融”为核心理念，首次将京津冀文化遗产资源整合为全域文化生态链，打造以主题活动为串联的京津冀文物主题游径项目，为京津冀文物的整体性、系统性保护开展全域传播，增强全民文物保护意识。共享品牌、联合运营、共设节庆，构建跨域文化共同体与文旅共同市场。设置起“跨省协作带”，实现品牌共享、开展联合运营以及共同设立节庆活动，进而构建起跨域文化共同体以及文旅共同市场。

（二）建立区域性非遗资源共建共享平台

借助大数据、GIS系统以及区块链等诸多数字技术来着手建设区域非遗数据库，以此促进项目数据方面的共享情况、名录之间的交互状况、资源的可视化呈现以及动态化的管理工作得以开展。同时设立区域非遗流动中心、巡展的相关机制还有文化档案馆，进而达成让资源在区域内实现类似“调配式流动”的效果，通过这种方式能够使重复开发的成本得以降低，并且资源的使用效率也能得到相应的提升。

（三）推动区域统筹型非遗产品供给体系

要冲破“单点开发”这一路径的束缚，建立起一套以区域协同当作核心的非遗产品开发以及市场导向体系。要积极推动“原产地设计加上异地孵化再加上全域销售”这样的协作机制，争取在非遗工艺产品、文创礼品、旅游演艺还有研学活动等诸多方面打造出“区域品牌集群”，从而促使非遗产品能够从原本的单点特色迈向集群集市。

三、区域协调机制建设中的制度保障路径

（一）构建省际非遗文旅融合协同治理机制

要采取由国家文旅部来牵头主导，并且让区域各省展开协作这样的模式，去设立一个“区域非遗协同治理委员会”，要定期针对规划目

标、项目投资、标准制定以及权益分配等诸多事宜展开协商，进而构建起能够做到上下联动并且横向协调的治理体系。要积极推动非遗文旅重大项目的相关工作，实现“跨区域共申报、共投资、共运营”，以此达成风险共同承担以及效益共同分享的目的。

（二）推动区域级政策工具的精准供给

在财政、税收、补贴以及金融等领域去制定能够适配区域协调发展所需的专项政策。对于那些参与到协同开发当中的非遗主体，采用“跨区域合作资金配比加上绩效动态调整”这样的激励方式来给予相应的鼓励；针对跨区域运营的企业，则实施“政策叠加再加上异地奖励”的机制；而对于联合运营的品牌，则为其提供统一的标识以及给予信用保障方面的支持。

（三）建立区域非遗融合发展绩效考核机制

将非遗资源整合能力、平台协同效能以及文旅融合转化率等指标纳入地方政府文旅考核体系当中，以此来推动形成“以协同绩效论英雄”的局面，避免出现“指标一地化”以及“项目化倾斜”这样的现象。要大力支持第三方机构对区域非遗融合质量开展评估工作，进一步强化政策回路调节机制。

四、提升区域非遗资源整合效率的创新机制探索

（一）“文化高铁带”模式推动沿线非遗一体化传播

依靠高铁经济圈以及轨道交通网络来着力营造“非遗文化高铁带”，于高铁沿线城市构建非遗体验空间、互动驿站还有流动展演单元，达成非遗资源的“高速传播+深度体验”相融合的效果。比如可以在成渝、沪宁、京张高铁沿线去打造非遗互动节点群，以此来联通产地、市场以及游客。

（二）“区域文化数字孪生系统”实现动态协同建模

应用数字孪生技术来构建区域非遗文化的全景系统，以此达成虚实共生的状态，同时还能做到实时监测以及预测调配。依照“空间—族群—技艺—场景”这样四位一体的方式来进行建模操作，从而能够助力区域协同决策工作，对于跨域项目的配置也起到辅助作用，并且还能够推动体验式开发相关事宜，进而提高资源组织方面的效率以及响应的速度和能力。

（三）“异地共育”模式缓解非遗人才结构性短板

在非遗人才存在“西多东缺”以及“原产地技艺出现凋敝”这样的一种大背景之下，去探寻“原地培训加上异地带徒再加区域流动”这样的人才共育机制。设置“区域非遗人才流动计划”，以此来助力那些高水平的传承人能够跨区域去挂职授课，同时设立坊所带来徒，进而达成让知识技能在相应的区域内实现优化的配置以及均衡的分布。

区域协调发展绝非非遗文旅融合的附属条件，它则是构建协同体系的关键核心动力所在。唯有冲破行政区划方面的限制，重新构建资源配置的边界，并且建立起跨域合作的逻辑框架，才能够达成非遗资源在全域范围内的整合以及实现其高效地利用，促使非遗从单纯的“点状保护”逐步迈向更为系统的“激活”状态。展望未来，应当以文化空间战略作为引领的方向，凭借平台制度机制给予有力的支撑，依靠技术工具以及人才生态予以充分的保障，进而打造出区域之间协同共赢、资源能够互补、文化得以共享的非遗融合全新格局，以此为实现国家文化的整体跃升源源不断地注入可持续发展的强劲动能。

第三节　国际传播背景下的非遗品牌建设

在文化全球化以及数字媒介多元化同步推进这样的一种大背景之下，非物质文化遗产的传播已经不再是仅仅被局限在本土保护或者区域交流这样的范围之内的事情了，而是逐渐地迈向了一个更为广阔的场域，在这个场域当中能够实现全球认知、国际对话以及文化竞合等诸多方面的互动。非遗品牌，它在非遗资源国际传播的过程当中充当着“语义界面”以及“文化身份符号”这样的角色，已经从原本单纯只是一个民间手工艺标签的状态成功转型成为国家文化战略的传播媒介，并且还是在全球话语体系里面占据一席之地的竞争单元。

一、非遗品牌国际传播的现实困境与结构性短板

（一）传播语境错位导致文化意涵弱化

许多非遗项目在走向国际市场之际，常常选用“直译—符号—产品”这样的快速外译途径，却没有留意到其背后那复杂的文化语境、历史价值以及仪式逻辑，如此一来，便使得文化内涵仅仅被简化成了可以供人消费的视觉标签。就好比某些传统舞蹈项目在海外进行表演的时候，仅仅呈现出其动作结构，然而却将其和农耕节庆、生命仪礼等背景之间所存在的深度关联给忽略了，进而产生了观众只是“看热闹不知所以然”的接收方面的落差情况。

（二）品牌体系缺失造成辨识度与延展力不足

当前我国非遗领域缺少统一的国家级品牌体系以及战略统筹方面的机制，多数非遗品牌是由地方政府或者个体传承人自行建设并自主运营的，如此一来，品牌识别度变得较为分散，形象符号也存在重复的情况，传播所使用的语言更是单一。就好比在国际展会当中，“丝绸”“刺绣”“陶瓷”等这类非遗项目是频频能够见到的，然而却缺乏具有系统性的叙事框架，整合视觉形象方面也有所欠缺，所以很难形成集群效应，更难以留下文化记忆点。

（三）缺乏适配全球市场的品牌运营机制

非遗品牌大多是由文化部门来主导开发的，其在市场方面的意识

以及传播机制都较为薄弱，对于国际消费者所具有的接受习惯、审美期待还有媒介逻辑了解得不够充分，所以很难实现从“文化符号”向“认知品牌”的转变。品牌在海外缺少统一的注册情况，知识产权布局方面存在欠缺，国际分销网络也不完善，跨文化沟通机制有所缺失，这就使得其在国际市场的渗透率比较低，品牌的口碑也无法持续地积累下来。

二、构建非遗品牌国际传播机制的核心理念

（一）文化主位性：坚持“从文化出发”构建品牌内核

非遗品牌在构建的时候，要把文化意涵当作核心资源，把传承群体的历史记忆、生活哲学以及工艺逻辑作为根本基础，要防止为了迎合市场而出现“符号漂移”以及“意义空转”的情况。要着重关注“谁来叙述”“如何叙述”“对谁叙述”这些方面的文化立场，促使品牌表达从“文化他视”朝着“文化自觉”去发展。

（二）建立跨文化传播的符号体系

非遗品牌要在对文化原貌予以尊重的前提之下，凭借视觉符号、品牌故事以及传播语言方面的标准化设计，提高其在多元文化环境当中的可识别程度以及可传播特性。应当参考国际品牌视觉体系建设方面的经验，融入现代设计语义，去构建起一个“传统认同+国际语言”这样的品牌识别系统。

（三）打造可运营、可交易、可持续的品牌载体

品牌建设既属于文化方面的工程，同时也是实实在在的市场行为。非遗品牌得有商业运行的能力，并且还要和消费者之间有着较强的黏性。要借助文创产品开发、场景化营销以及社群互动等一系列手段来进一步拓展品牌的生机与活力，从而把文化价值成功转化成经济价值，进而构建起“品牌—产品—社群”这样的运营闭环。

三、非遗国际品牌构建的策略路径与实践机制

（一）推动“国家品牌 + 区域品牌 + 项目品牌”三级体系构建

着手去构建起国家级的非遗母品牌，将视觉规范以及价值主张加以统一，以此来促使品牌在国际层面所具有的实力得以提升。要着力打造出区域文化品牌集群，比如像“丝路非遗”“黄河古艺”这类的品牌，进而形成一种呈带状的文化传播态势。因此还应当积极鼓励各类非遗项目各自构建起个体品牌，通过这样的方式来强化传播所具备的弹性，让传播内容的丰富程度也得以增加，最终形成从上至下、从下至上协同发力这样的一种良好格局。

（二）打造多语态融合的非遗叙事体系

要围绕品牌的核心价值来展开相关工作，去开发那些包含口述形式、图像呈现、视频录制、动画制作以及VR技术等多种语态在内的内容产品，进而构建起一条具有动态化特点且带有互动性质的品牌表达路径。要着重强化叙事过程中故事性、人物性以及场景性等方面的维度，以此来促使品牌的记忆张力得以提升，同时让其文化触达力也能够得到增强。

（三）设立海外品牌传播与合作平台

利用驻外文化中心、孔子学院以及海外文旅展会等诸多平台，按惯例持续举办像“非遗主题年”“非遗周”还有“非遗巡展”这类活动，以此促使品牌于海外达成高频度且互动性强的“在地传播”效果。倡导非遗品牌和国际博物馆、文旅机构以及商业平台携手开展合作，施行联合营销并推出文化联名产品，进一步拓宽品牌在国际社群当中的触达范围。

（四）完善品牌保护与海外知识产权体系

健全非遗品牌的海外注册、专利申请以及版权维护相关机制，同时设立海外维权快速响应机制以及专业法律支持体系。建立“非遗品

牌出海白名单”，统一认证机制与品牌信任标识，以此提升海外消费者对中国非遗品牌的认可程度以及安全感。

四、借助国际传播平台构建非遗文化话语权

（一）强化“非遗＋外交”的文化传播功能

可借助文化外交、城市友好合作以及人文交流等诸多渠道，把非遗品牌纳入国家公共外交体系当中，让它成为跨文化对话的一座桥梁。比如可以在APEC、G20等多边峰会举办的时候，设立“中国非遗会客厅”，借此展示我国的文化礼仪、传统技艺还有生活美学等方面的内容，以此来提升国家文化的亲和力以及认同力。

（二）融入全球议题构建“文化担当”品牌形象

非遗品牌需和联合国可持续发展目标（SDGs）、全球气候行动以及手工艺振兴等相关议题相互融合起来，去着力打造出“文化＋生态”以及“传统＋创新”这样的品牌全新主张，以此来促使品牌的价值关联度以及道义吸引力得以提升，进而塑造出中国文化在全球范围内的公共品形象。

（三）发展数字丝路平台推动文化数字出海

借助TikTok、YouTube、Meta等国际数字平台来打造“数字非遗”品牌矩阵，运用直播带展、跨境电商以及数字互动体验等多种传播方式，以此突破地理方面的限制，进一步拓展品牌在全球范围内的传播领域以及用户边界。

中国非遗品牌建设需要在文化价值、传播逻辑以及运营机制方面达成系统性的升级。应当秉持文化主位的理念，对传播系统加以统筹安排，融入全球叙事的语境当中，构建起具备“文化自信、国际表达、市场生态”特点的中国非遗品牌体系，从而切实让中华优秀传统文化在全球的视野范围里能够“看得见”“说得清”“传得开”。

第四节　多元主体共治共享机制的构建路径

在非遗保护以及文旅融合不断推进的大背景之下，以往那种由传统政府来主导或者依靠市场驱动的模式，已经没办法很好地去满足文化多样性保护还有旅游可持续发展这两方面的需求了。非遗传承以及文旅融合的相关实践，本身就牵涉到多种类型的利害关系者，像政府、非遗传承人、社区居民、从事市场的各类主体、科研机构以及公众等等都包含在内。有多元主体一同参与进来，这既是资源整合以及利益协调方面的必要条件，同时也是达成治理效能提升以及文化公正实现的制度方面的基础。所以说，要构建起共治共享的那种协同治理机制，这才是促使非遗文旅融合朝着高质量且可持续的方向去发展的最为关键的保障所在。

一、共治机制的多元主体结构与功能定位

（一）制度设计与资源统筹的主导力量

在共治机制当中，政府有着规则制定者以及公共资源配置者这两种角色。其借助立法、给予财政方面的支持、制定发展规划、开展项目引导等一系列手段，给各类主体能够展开有效协作给予制度层面的基础支撑。与此政府需要发挥出协调者的作用，对各方的力量加以统筹安排，防止出现类似“九龙治水”那样的治理碎片化方面的问题，进而构建起一个目标保持一致、分工清晰明确的治理框架。

（二）活态传承与文化认同的核心载体

非遗和社区深度融合这一情况，明确了社区在非遗保护方面有着无可取代的作用。社区不但是非遗产生以及不断发展的空间范围，而且还是承载并展现其文化基因的关键所在。构建起以社区当作中心的参与机制，像村寨自治、社区议事以及非遗合作社这类形式，能够达成对文化资源的就地治理效果，从而唤起社区居民在非遗保护当中的

主体意识以及内在驱动力。

（三）文化消费与产业转化的驱动者

文旅企业、文创公司以及电商平台等各类市场主体，凭借自身在资源配置方面所具备的优势，还有品牌传播方面的优势，是能够有效地推动非遗实现从“文化资源”到“经济资源”的有序转变的。不过，它们的参与必须在政策给予引导以及文化加以规范的情况下来开展，如此才能防止出现“文化空心化”以及过度商业化的相关问题。构建起一个“文化价值优先、经济收益适度”的双轮驱动机制，在这其中显得格外重要。

（四）知识支持与文化反馈的关键力量

高校、科研院所、行业协会以及文化媒体等专业机构，在非遗的认定工作、价值挖掘方面、数字建模环节以及展示推广等不同层面都拥有着较为突出的优势。公众属于非遗体验、消费以及传播当中的最终环节，其做出的价值判断对于非遗生态而言有着颇为深远的影响。所以应当借助开放平台、众包计划还有社会评审等一系列机制，来进一步拓展专业机构和公众能够参与进来的渠道，进而达成知识与情感之间双向流动的目标。

二、共享路径的协同构建维度

（一）治理结构的扁平化重构

要去积极推动“参与式治理”这样的一种模式，进而构建起在治理流程当中各个主体能够开展平等协商以及做出民主决策的相关制度机制，从而对以往那种呈现出“上对下”特点的行政主导路径加以改变，要着力强化多元主体在议题设置方面、方案设计环节以及实施监督工作当中的哪种实质性的参与情况。具体来讲，可以通过建立很多主体都可参与进来的非遗理事会、项目审议委员会还有社区文化会议等这类形式来达成这一目标。

（二）共建机制的制度化推进

非遗资源具备公共性以及不可再生这一特性，所以其合理的开发与利用有必要纳入制度性的框架当中。积极推动由政府来主导的文化资源开放平台的建设工作，对非遗档案数据库、知识产权共享机制还有数字化资源共建系统加以规范，进一步强化区域之间非遗资源的协同配置情况以及成果共用的状况，以此提升整体文化生态所具有的开放性以及联动性。

（三）经济收益的合理回馈机制

要保证各个参与主体都能保持积极性并且做到公平公正，那就得去构建一种依据价值贡献来分配利益的机制。比如说，在项目的收益当中可以专门设立像“文化回馈基金”或者“社区发展基金”这样的基金，其主要用途是去支持传承人的培养工作、社区基础设施的改善事宜以及非遗工坊的发展项目，等等，从而切实保障非遗经济所带来的红利能够实实在在地让文化源头受益。

（四）文化价值的传播与提升

共享这一理念还应当体现在对文化认同加以培育以及对多样性予以尊重这两个方面。借助开展在多个层次上展开、跨越不同领域并且跨越多种媒介的非遗教育以及传播实践活动，促使公众对于非遗的认知程度得以提升，并且让他们与非遗之间的情感联结变得更加紧密，进而营造出一种“全民共同守护、全民积极参与其中”的文化氛围，从而让非遗能够切实地从单纯的“地方性文化”逐步成长为具有广泛影响力的“公共文化资产”。

三、机制运行的制度保障体系

（一）非遗共治的法理依据

《中华人民共和国非物质文化遗产法》《中华人民共和国旅游法》《中华人民共和国文物保护法》等虽说已经初步奠定了相关的法律基础，然而在“多元参与”以及“协同治理”这两个维度上，其表现出来的力度仍旧是比较小的。在未来，需要积极推动去制定《非遗保护与文旅融合促进法》，或者是出台区域性的专门条例，要清晰明确地界定多元主体所对应的权责边界，同时也要规范它们的行为准则，以此来进一步强化非遗治理方面所具备的法治保障能力。

（二）行为引导与资源投入的关键杠杆

要构建起“项目支持+税收优惠+人才引育+成果认定”这样的综合政策体系，以此来引导各类主体积极投身到共治共享的实践当中。比如可以设立“非遗共建示范区”或者“协同治理创新试点”，借助财政补助、品牌推介以及平台优先等相关手段，营造出将政策红利和荣誉机制相互融合在一起的激励场域。

（三）机制运行的协同中枢

在省市县所构成的三级治理架构当中，可以考虑去设立一个“非遗文旅融合共治中心”又或者说是“协同治理办公室”，让它成为能够跨越不同部门、跨越不同区域以及跨越不同主体的沟通协调平台，以此来保障信息流、资源流还有决策流可以实现高效的运转状态。以此构建起既有横向联动，又有纵向嵌合特点的组织体系，加强顶层设计和基层执行二者之间在制度层面的联通性。

（四）机制优化的动态调节

构建起一套科学且系统的共治共享绩效评估体系，该体系包含治理成效、文化影响、经济贡献以及社会认同等诸多维度。把评估得出的结果当作政策调整、资源配置还有机制优化的关键依据，达成从“静态规划”迈向“动态治理”的转变。

多元主体共治共享机制的构建，这既是非遗文旅融合发展方面的制度创新之举，同时也成为推动文化治理走向现代化的关键途径。这一机制冲破了传统治理那种单一主体的逻辑框架，将文化多样性的要求、制度协同性的要求以及社会参与性的要求都融入其中，从而为非遗在当下这个新时代背景下实现持续活化以及实现高质量发展给予了强有力的支撑。在未来的发展进程中，需要进一步对顶层制度加以完善，同时强化针对实践路径的探索活动，以此来促使非遗文旅融合朝着更加开放、更加公正且更具包容性的治理全新格局迈进。

第五节　推进协同机制法治化与制度化的展望

非遗保护以及文旅融合属于国家文化发展战略当中的重要部分，其协同机制在构建方面已然初步呈现出一定的成效，不过依旧存在着诸如制度呈现出碎片化状况、权责不够清晰明确、政策缺乏足够的刚性等一系列问题，这些问题对协同效能的充分发挥产生了影响。

一、制度缺口的识别与法治构建的必要性

（一）非遗与文旅融合治理结构中的制度困境

当下我国非遗文旅融合实际处于多头管理以及部门分治这样的一种格局当中，在文化、旅游、教育、市场监管等诸多不同的系统之间，其职责存在着交叉的情况，如此一来便使得政策在实施过程中协调起来的难度变得更大了。与此部分地区的制度设计依旧是以短期项目绩效作为导向的，对于协同机制既缺乏制度层面的保障，又缺少长效机制方面的思维考量，进而出现了诸如权责不对等、标准不统一、激励机制缺位等一系列的问题。

（二）从政策倡导到制度治理的路径转型

在我国政策方面，虽说已经出台了诸如《中华人民共和国非物质文化遗产法》《“十四五”文化和旅游发展规划》以及《国家文化数字化战略》这类纲领性的文件，然而具体落实到非遗和文旅协同融合所涉及的层级机制、责任分配、绩效评估还有动态监管等诸多方面时，依旧欠缺系统性的法规予以支撑。所以说，得推动在国家层面开展专门性的立法工作，或者是在现有的法规当中进一步细化协同的相关内容，借助制度条文把各个参与方各自的权利义务明确清楚，从而给实际操作给予法理层面的依据。

二、法治化路径的构建维度

（一）构建非遗文旅融合协同立法体系

首要任务是在国家层面去推动《非遗与文化旅游融合促进法》或者相关专章的立法制定工作，要在法律层面清晰明确地定义非遗文旅融合的基本原则、协同机制架构、参与主体责任边界、资源整合模式以及资金支持体系等方面内容。因此，应当鼓励各地依据自身资源禀赋、所处的发展阶段以及文化特质来制定具有补充性质的地方性法规，进而构建起“国家统筹—地方协同”这样多层次的法律体系。

（二）确立多元主体权责关系的法律约束

非遗保护和文旅融合在实践方面涉及多个主体，像政府、非遗传承人、企业、社区组织以及高校科研机构等，所以得从法律层面把各方参与的职责与义务给明确清楚。比如说，政府要充当机制设计以及制度保障的关键力量，要去履行资源统筹还有监督方面的职责；企业在开展文旅项目开发的时候，得担负起文化可持续发展的责任；非遗传承人得受到法律给予的保护，并且还得有合理的激励措施，防止他们被边缘化对待；社会组织应当获取协同治理的合法身份以及相应的操作空间。

（三）构建协同机制运行的制度性支撑工具

在配套制度方面，须构建起一套完整的操作性制度工具，这套工具要能将规划、组织、评估、激励以及问责等诸多环节都涵盖进去。一方面要把非遗文旅融合项目的审批与备案制度进一步完善起来，同时要设定出能够评估文化价值的相关指标；另一方面要搭建起跨部门的信息共享以及资源整合平台，以此来推动数据实现开放与联通的状态。还要施行那种以绩效为导向的财政补贴与激励制度，通过这样的方式来引导企业以及社会资本能够有序地参与到相关事宜当中。构建起第三方评估以及责任追究方面的机制也是很有必要的，这样才能够进一步增强制度所具有的刚性以及执行力。

三、制度化推进的现实策略

（一）制度设计与顶层政策联动

推进法治化的路径务必要和国家文化发展战略达成耦合联动的状态。要依靠文化旅游部等担任牵头职责的部门，全面统筹制定非遗文旅融合方面的中长期制度发展规划，清晰界定法治建设的具体时间安排以及相关任务内容。借助设立国家级非遗文旅融合协调委员会这一举措，促使法规设计工作、政策落实事宜以及平台建设方面的事项能够协同一致地向前推进，以此来保证顶层设计层面和基层实践环节在制度上的契合程度。

（二）基层创新经验的制度反哺

地方实践可视为制度建设的“试验田”。各地在非遗旅游村落的营建工作方面、非遗研学机制的建立事宜上以及节庆活动的运营过程中，都积累了丰富的经验。应当借助案例提炼的方式、通过机制总结的途径以及借助成果转化的手段，把这些实践成果纳入制度体系当中，进而形成“由下而上”的制度生长机制，以此来强化制度所具有的适应性以及包容性。

（三）数字技术助推制度治理效能

在当下数字中国建设的背景之下，应当充分利用区块链、物联网、大数据等新兴技术，去打造出针对非遗资源的确权、使用、交易以及监管等方面的数字制度平台，以此来提高制度运行所具有的透明度以及智能化的程度。与此借助“制度—平台—服务”这样的一体化机制，构建起以数据作为核心支撑的智慧协同治理体系，达成非遗保护以及文旅发展流程能够做到可视、行为可以被控制、责任能够追溯到源头的效果。

未来，非遗和文旅融合的协同治理会从“倡导型合作”变成“制度性协同”，在制度保障下达成多元共建、依法治理以及可持续发展的目标。法治化既是制度保障的基础，也是提高公共治理能力的方式；制度化则表示协同机制化常态化运行并持续优化。二者相互作用、相互促进，是非遗文化守正创新、推动文化强国建设的重要支撑。只有把制度当作“纲”、把法治当作“准”，才能构建出有文化温度且有治理高度的非遗文旅融合新布局。

后 记

非物质文化遗产属于中华民族文化传承的一种活态载体，其保护与发展已然成为新时代文化建设当中极为重要的一个命题。在当代社会快速转型以及文化消费结构深度调整这样的大背景之下，非遗的存续状态还有传播方式都面临着从来没有过的挑战以及机遇。本书把“协同机制”当作研究的核心要点，围绕着非遗保护和文旅融合相互之间存在的互动逻辑、演进模式以及风险防控展开了较为系统的分析并且进行了富有前瞻性的思考，努力去构建起一条呈现出多维融合特点、能够实现系统联动并且是面向未来发展的非遗文旅发展路径。

从全书的结构推进情况能够看出，非遗和文旅的协同并不仅仅是一种文化以及产业的整合关联，而实实在在是一种社会治理还有制度创新方面的系统实践活动。依照保护逻辑来讲，要着重强调非遗应当回归到其原本的文化源头，凸显出其精神内核、传承生态以及社区根基等方面的情况；从融合的途径方面来分析，文旅属于实现非遗在社会层面再次嵌入以及价值再次生产的关键平台，这就需要依据不同地区具体实际去构建起产业协同的相关模式以及消费导向的相应机制，达成从单纯文化符号的展示转变成对深层文化展开参与式的传播这样一种效果。

在制度设计方面，非遗和文旅要协同发展，多主体间合作机制得重新构建。政府主导要多向制度保障、平台搭建倾斜，企业需遵从文化逻辑搞品牌化、科技化、场景化创新，社区与传承人得有实际话语权和利益分配权，完成从“被动展示”到“主动共建”的转换。只有多元主体各尽其责、共同治理、共享成果，非遗文化的活力才能不断迸发。

本书着重关注技术以及数据对于非遗传承与传播路径所起到的重

构作用。随着区块链、人工智能、大数据、元宇宙等技术手段逐步走向成熟，非遗已经不再仅仅局限在物理空间里去展示或者传承了，而是在虚拟空间当中获取到了全新的能够生长的场域。这样的技术赋能一方面拓展了传播的边界范围，另一方面也促使非遗在沉浸式体验、智能解读、精准营销等多个维度都实现了突破性的跃迁发展，进而给传统文化的活化赋予了系统性的革新动力。

协同机制同样面临着不少结构性风险以及实际存在的诸多挑战。不论是商业化开发致使文化本真遭到稀释的情况，还是在文旅开发进程里出现生态承载力失衡的现象，抑或知识产权保护机制有所缺失，还有突发公共事件给系统带来的脆弱性，这些都清楚地告诉我们，协同发展务必要把风险治理当作前提条件来加以考虑。所以，在本书第八章当中着重指出，应当借助制度方面的补位举措、人才方面的有力保障、针对生态所开展的评估工作以及将法治融入其中等方式，以此来强化非遗文旅协同体系所具备的稳健特性以及韧性程度。

在展望未来的战略思考里，本书还提出非遗文旅融合发展的举措，要从国家文化战略层面来着手，强化区域之间的协调以及资源整合方面的机制，拓展国际传播的相关路径，构建起共建共治共享的协同格局，并且推动协同机制朝着法治化、制度化的方向去发展。这不仅是对非遗保护工作的一种深化推进方式，而且是中华优秀传统文化在全球范围内进行传播以及国家文化软实力得以提升的必不可少的一条路径。

非遗保护和文旅融合的协同机制并不是那种建成之后就万事大吉的静态系统，它其实是一个会随着社会不断发展、政策有所调整以及技术出现变迁等情况而持续动态演进的过程。这个协同机制的建设一方面需要有结构化的制度作为支撑，另一方面还需要文化主体之间不断地去开展协商活动，并且要勇于进行实践层面的创新尝试。所以说，在未来的研究以及相关实践当中，有必要进一步去深化协同理论在本土的具体应用，同时还要强化针对不同区域所展开的比较研究工作，另外也要加强模型方面的实证检验，从而达成机制科学性与可操作性之间的有机统一状态。

本书尝试从多个不同维度去审视非遗文旅协同机制内部的逻辑以及外部的条件，给出既具备理论深度又拥有实践指导价值的策略方面的建议，尽力为推动非遗文化的可持续传承以及文旅产业的高质量发展给予稳固的理论支持和行动框架。我们坚信，只有在协同治理理念的指引之下，非遗保护才能够从象牙塔里走出来，切实地走进公众视野、迈向世界舞台，在新时代文化复兴的宏伟蓝图当中呈现出蓬勃的生命力。

参考文献

[1] 林继富，王琪 . 非物质文化遗产保护领域的“两创“实践研究 [J]. 中国非物质文化遗产，2023(2).

[2] 张红，李明 . 文旅融合背景下地域文化和旅游产业协同发展路径 [J]. 新华网，2025-03-24.

[3] 文化和旅游部 . 关于推动非物质文化遗产与旅游深度融合发展的通知 [Z]. 文旅非遗发〔2023〕21 号，2023-02-22.

[4] 中共中央办公厅、国务院办公厅 . 关于进一步加强非物质文化遗产保护工作的意见 [Z].2021-08-12.

[5] 王文章 . 非物质文化遗产概论 [M]. 北京：文化艺术出版社，2022：67-72.

[6] 杭州市教育局 . 杭州职教与区域非遗共生双赢模式探索 [R]. 杭州：杭州市教育局，2023：15-23.

[7] 刘魁立 . 文化生态保护区理论与实践 [M]. 北京：学苑出版社，2022：75-83.

[8] 陈晓，王静 . 苏州刺绣的数字化保护与创新发展研究 [J]. 装饰，2024(3)：112-120.

[9] 王一川 . 沉浸式体验与非物质文化遗产的创新传播 [J]. 艺术评论，2024(2)：35-43.

[10] 巴莫曲布嫫 . 申遗与履约：从《保护非物质文化遗产公约》20 年看非遗保护的多元主体参与 [J]. 民族研究，2023(6)：45-53.

[11] 姚国章 . 全媒体时代非物质文化遗产的传播策略研究 [J]. 现代传播，2023(6)：45-53.

[12] 王文章 . 打造文化 IP，推动非遗保护与旅游产业融合发展的路径探析 [J]. 中国文化遗产，2024（6）.

[13] 张明 . 打造文化 IP，推动非遗保护与旅游产业融合发展的路径探析 [J]. 旅游学刊，2023(2)：115-126.

[14] 中国非物质文化遗产保护协会.中国非物质文化遗产传播蓝皮书2024[M].中国旅游出版社.2024.
[15] 乌丙安.非物质文化遗产保护理论与方法[M].文化艺术出版社.2016.
[16] 袁建伟.文旅融合产业区域发展创新与绍兴东亚文化之都研究[M].浙江工商大学出版社.2023.
[17] 黄大勇.西南地区文旅融合中文化资源陷阱及对策研究[M].中国社会科学出版社.2024.
[18] 庄莹.曲江智造：文旅融合实践与观念[M].中国经济出版社.2022.
[19] 杨红.中国非遗保护的当代传播实践[M].清华大学出版社.2024.
[20] 贾强法，曹文，冉红.文旅融合背景下旅游业高质量发展路径研究[M].延边大学出版社.2024.